T0194735

Medienwissen kompakt

Herausgegeben von
K. Beck, Berlin, Deutschland
G. Reus, Hannover, Deutschland

Die Reihe Medienwissen kompakt greift aktuelle Fragen rund um Medien, Kommunikation, Journalismus und Öffentlichkeit auf und beleuchtet sie in eingängiger und knapper Form aus der Sicht der Publizistik- und Kommunikationswissenschaft. Die Bände richten sich an interessierte Laien ohne spezielle Fachkenntnisse sowie an Studierende anderer Sozial- und Geisteswissenschaften. Ausgewiesene Experten geben fundierte Antworten und stellen Befunde ihres Forschungsgebietes vor. Das Besondere daran ist: sie tun es in einer Sprache, die leicht lebendig und jedermann veständlich sein soll.

Mit einer möglichst alltagsnahen Darstellung folgen Herausgeber und Autoren dem alten publizistischen Ideal, möglichst alle Leser zu erreichen. Deshalb verzichten wir auch auf einige Standards „akademischen" Schreibens und folgen stattdessen journalistischen Standards: In den Bänden dieser Reihe finden sich weder Fußnoten mit Anmerkungen noch detaillierte Quellenbelege bei Zitaten und Verweisen. Wie im Qualitätsjournalismus üblich, sind alle Zitate und Quellen selbstverständlich geprüft und können jederzeit nachgewiesen werden. Doch tauchen Belege mit Band- und Seitenangaben um der leichten Lesbarkeit willen nur in Ausnahmefällen im Text auf.

Herausgegeben von

Klaus Beck
Berlin, Deutschland

Gunter Reus
Hannover, Deutschland

Elizabeth Prommer

Film und Kino

Die Faszination der
laufenden Bilder

 Springer VS

Elizabeth Prommer
Rostock, Deutschland

Medienwissen kompakt
ISBN 978-3-658-09085-2   ISBN 978-3-658-09086-9 (eBook)
DOI 10.1007/978-3-658-09086-9

Die Deutsche Nationalbibliothek verzeichnet diese Publikation in der Deutschen Nationalbibliografie; detaillierte bibliografische Daten sind im Internet über http://dnb.d-nb.de abrufbar.

Springer VS
© Springer Fachmedien Wiesbaden 2016

Lektorat: Barbara Emig-Roller, Monika Mülhausen

Gedruckt auf säurefreiem und chlorfrei gebleichtem Papier

Springer Fachmedien Wiesbaden ist Teil der Fachverlagsgruppe Springer Science+Business Media
(www.springer.com)

Inhalt

1. Kino und Film als Kommunikations- medium

Dieses Kapitel erläutert die grundlegende Perspektive des Buches. Der Fokus liegt dabei auf dem Zusammenspiel von Film/Kino und Publikum, denn erst durch die Rezeption wird Film ein Kommunikationsmedium.

Von Kino und Film geht seit ihrer Erfindung vor über 100 Jahren eine fast mythische Strahlkraft aus. Die scheinbar überwältigende Macht der laufenden Bilder, rezipiert im dunklen Raum, fasziniert Publikum und Wissenschaftler gleichermaßen und nährt eine ganze Industrie. Kino und Film, das bedeutet Glamour und roter Teppich. Die Filmpremieren mit Leinwandstars und schicken Designerkleidern gehören ebenso dazu wie Bilder, die zum Träumen anregen. Bis heute werden gute Filme mit dem Ausdruck »Bigger than Life« beschrieben, um die immense Wirkung der Filme auf einer Kinoleinwand zu erklären.

Kino und Film befinden sich in einem fortwährenden Entwicklungsprozess. Technologisch reicht dieser von der Erfindung der ersten laufenden Bilder über die Einführung der Tonfilme bis zur momentanen 3-D-Technik oder der digitalen Verbreitung. Genauso wandeln sich aber auch die künst-

lerische und ästhetische Form sowie die gesellschaftliche Bedeutung.

Film und Kino gehören für viele zusammen, obwohl wir
Filme längst auch zu Hause oder unterwegs sehen können: am
Fernseher, am Computer, am Laptop, am iPad oder am Smartphone. Dennoch ist der Spielfilm nach wie vor an das Kino als
ersten und ursprünglichen Aufführungsort gebunden. Für die
meisten Filmemacher gilt: Filme werden fürs Kino gemacht,
denn erst auf der großen Leinwand entfaltet sich das Potenzial
der Filmwirkung. Eine (allerdings nicht durch Quellen beleg-
te) Geschichte aus der Anfangszeit des Kinos veranschaulicht die starke Wirkung von Filmen. Als die Brüder Auguste
und Louis Lumière – sie zählen zu den Erfindern des Films
und damit des Kinos – bei einer ihrer ersten Filmvorführungen Aufnahmen von einem in einen Bahnhof einfahrenden
Zug zeigten, sollen sich die Besucher unter ihren Stühlen ver-
krochen haben, um nicht vom Zug überrollt zu werden. Dieser Film, *Die Ankunft eines Zuges auf dem Bahnhof in La Cio-
tat* (F 1895), ist aus heutiger Sicht unspektakulär und würde
niemanden mehr vom Hocker reißen. Dafür sind unsere Sehgewohnheiten inzwischen zu sehr den modernen Technolo-
gien angepasst. Damals aber lösten die neuen, nie zuvor gesehenen bewegten Bilder starke Reaktionen aus.

Im angloamerikanischen Sprachgebrauch gibt es den Begriff »Cinema«, um Film und Kino zu verknüpfen. Unter Cinema wird sowohl der Aufführungsort Kino (film theatre) als
auch der Film (movie) verstanden. Für das vorliegende Buch
werden Kino und Film in diesem Sinne miteinander verbunden.

Denn eine kommunikationswissenschaftliche Perspektive
auf Kino und Film umfasst sowohl die Filme als auch das
Publikum. Film im Kino ist ein Kommunikationsmedium.
Hier liegt der Unterschied zu einer Betrachtung von Film als
Kunstform. Definiert man Film als Kunst, geht die Sichtwei-
se von einem Künstler aus, der ein Werk erschafft, das unter-

schiedlich wahrgenommen wird. Bei der Analyse liegen immer die vom Künstler gewünschte Rezeption und Sicht auf die Welt im Fokus. Betrachtet man Film und Kino als Kommunikationsmedium, dann steht das Publikum mit seinem Vorwissen, seinen Erwartungen und seiner Interpretation des Films im Zentrum, denn ohne die Rezeption durch ein Publikum entsteht keine Kommunikation. Da ein Kinobesuch immer auch die Rezeption eines Films bedeutet, lässt sich festhalten: Film und Kino gehören zusammen.

Jeder von uns hat einen Lieblingsfilm. Sei es *Harry und Sally* (1989), *Star Wars* (1977–2015) oder *Der Herr der Ringe* (2001–2003) – wir alle erliegen schon von Kindesbeinen an der Faszination der laufenden Bilder. Ein Blick in unsere Wohnungen zeigt, wie Kinofiguren und Leinwandhelden Einzug in die Kinderzimmer gehalten haben. Kaum ein Mädchenzimmer kommt ohne Disney-Prinzessinnen-Kostüme aus; entsprechend findet man in Jungenzimmern häufig ein *Star Wars*-Laserschwert. Werden aus den Kindern Teenager und Jugendliche, so wandeln sich die Vorlieben und Helden: Die Mädchen der 2010er Jahre bewundern Kristin Steward in der *Twilight*-Trilogie (2008–2012) oder Jennifer Lawrence, die in den *Tribute von Panem*-Filmen (2012–2015) die Filmwelt rettet, während Jungs vielleicht den *Iron Man* (2008) als Comic-Helden anhimmeln. Jede Generation hat ihre Filmhelden: James Dean in den 1950er und 1960er Jahren; John Travolta und Olivia Newton-John in den 70ern; Jonny Depp, Brad Pitt und Angelina Jolie in den 2000ern. Auch in Zukunft werden noch viele neue Stars auf der Kinoleinwand Identifikationspotenziale bieten.

Wir alle mögen unterschiedliche Filme. Nicht jeder von uns sieht gerne Blockbuster, also Kassenhits wie *Spiderman* (2002) oder *Titanic* (1997). Manch einer sieht lieber kleinere, künstlerisch orientierte Filme, die man Arthaus-Filme nennt, wie *Idioten* (1998) von Lars von Trier oder den neuesten Woody-Allen-Film. Diese Beispiele machen deutlich, dass Film und

Kino nicht nur den Nerv einer jeweiligen Generation treffen müssen, sondern auch im Spannungsfeld zwischen Kunst und Kommerz stehen. Unter Kommerz werden oft die Hollywood-Produktionen verstanden, die mit großen Budgets, berühmten Schauspielern und hohem Werbeaufwand zu Kassenerfolgen werden. Nicht umsonst steht das Wort »Hollywood« – eigentlich ein nicht besonders schöner Stadtteil von Los Angeles – für Glamour und Stars. Wer Film als Kunst versteht, lehnt diese Filme häufig ab und sieht sich lieber kleinere Arthaus-Filme im Kino an.

Woher kommt nun die Faszination fürs Kino und seine Filme? Warum treffen manche Filme den Nerv einer Generation und andere nicht? Wie werden Filme hergestellt und wie kann man Filme analysieren? Wie ist es um die Zukunft des Kinos bestellt? Hierauf will das vorliegende Buch einige Antworten geben.

Zunächst geht es um den schon angedeuteten Konflikt von Kunst und Kommerz. Analysieren wir eine Kunstform, die die Probleme der Gesellschaft aufgreift und eine Möglichkeit bietet, sich mit ihnen auseinanderzusetzen? Oder untersuchen wir ein wirtschaftliches Produkt, das sehr arbeitsteilig und mit hohem Risikofaktor hergestellt wird, da man nie weiß, welche Filme wirklich erfolgreich sein werden? Denn das Verhalten des Publikums ist nicht immer vorhersehbar. Die vielen Flops der Filmgeschichte zeugen davon. Das Spannungsfeld zwischen Kunst und Kommerz beeinflusst den Blick auf Film und Kino. Die Betrachtung als Kunst würde den Künstler, hauptsächlich den Regisseur – beim sogenannten Autorenfilm auch Autor genannt – ins Zentrum der Untersuchung stellen. Die Biografie des Regisseurs und seine Intention beeinflussen das Kunstwerk. Anders wäre es bei der Betrachtung von Film als Wirtschaftsprodukt. Hier würde man vorrangig alle, die bei der Produktion eine Rolle spielen, sowie die Absatzmärkte und Umsätze betrachten.

Eine weitere Frage steht im Raum: Kann das Kino seine

Wirkkraft behalten in einer Zeit des Medienwandels durch Digitalisierung und Globalisierung, in der es möglich ist, Filme auf viele Weisen zu sehen, vom Minibildschirm des Handys bis zum Riesen-HD-Fernseher im Wohnzimmer? Mit dieser Frage hängt zusammen, wie Filme in Zukunft hergestellt und wo die erzählten Geschichten gefunden werden. Seit einiger Zeit wird Film und Kino die Kreativität, neue filmische und erzählerische Ideen hervorzubringen, eher abgesprochen. Durch die Vielzahl an Fortsetzungsfilmen, wie *Batman – The Dark Knight* bis *Dark Night Returns* (2005–2013), *Harry Potter 1* bis *Harry Potter 8* (2001–2011), scheint das Blockbuster-Kino zu sehr auf bewährte Rezepte zu setzen. Anders sieht es derzeit beim Fernsehen aus. Durch neue Serien, neue Erzählweisen und die Einbindung prominenter Regisseure und Filmemacher setzt es neue filmische Highlights. Wird das Kino sich neu erfinden können, und wird das Publikum auch weiterhin dorthin gehen, um Filme zu sehen? Das werden nur die Nutzer entscheiden. Sie und ihr Verhalten sind beim Kommunikationsmedium Film jedenfalls zu beachten.

Um diese Fragen zu beantworten, wird zunächst kurz die Kinogeschichte skizziert und anschließend erklärt, wie Filme hergestellt werden und wie die Filmindustrie funktioniert, von der Produktion bis zum Filmverleih. Ein Kapitel widmet sich der Analyse von Filmen, ihrer Machart und – wie die Filmwissenschaftler sagen – der Filmsprache bzw. Filmästhetik. Abschließend werden die Rezeption von Filmen, das Kinopublikum und mögliche Filmwirkungen beschrieben. Denn nur so lässt sich ein Ausblick auf die Zukunft des Kinos wagen.

2. Aufbau des Bandes

F ilm – anfangs untrennbar mit Kino, dem dunklen Raum
zur Vorführung, verbunden – setzte sich schnell als Massenmedium durch. Das Publikum nahm die neue Form der
Unterhaltung gerne an. Mit der historischen Entwicklung
von Film und Kino aus der Perspektive des Publikums beschäftigt sich das anschließende 3. Kapitel. Film- und Kinogeschichte lässt sich aus vielen Perspektiven erzählen, und
jede der Blickrichtungen würde eigene Bücher füllen. In einer Kinotechnikgeschichte läge der Schwerpunkt auf den
technischen Neuerungen, die es seit den ersten Versuchen,
aus unbewegten Fotografien bewegte Bilder zu machen, gegeben hat: vom Malteserkreuz, das die Filmwiedergabe ver-
besserte, über den Tonfilm bis zu den verschiedenen Spezialeffekten und der heutigen 3-D-Technik dank Digitalisierung.
Kinogeschichte als Stilgeschichte würde Filme in verschiedene Ausdrucksformen einteilen, zum Beispiel den Expressio-
nismus der 1920er Jahre mit Filmen wie *Das Cabinet des Dr.
Caligari* (1920), die Nouvelle Vague in Frankreich, den Autorenfilm in Deutschland oder die Dogma-Bewegung in Däne-
mark. Kino- und Filmgeschichte lässt sich ebenso gut als na-
tionale Filmgeschichte erzählen. Hier wäre der Blick auf die

Geschichte des Hindifilms, auch Bollywood genannt, oder die nigerianische Filmgeschichte Nollywood genauso möglich wie eine US-amerikanische Filmgeschichte. Man könnte eine Geschichte der Filmstars erzählen, der wichtigsten Regisseure, der 100 wichtigsten Filme und noch viele andere Perspektiven eröffnen.

In diesem Buch liegt der Schwerpunkt jedoch auf der Geschichte des Kinos als Abspielort und Ort der Filmrezeption. Über die Publikumsperspektive die Faszination von Film und Kino zu beschreiben, bietet sich besonders dann an, wenn man über die Zukunft des Kinos nachdenken will. Bezieht man das Publikum und die Rezeption ein, beschäftigt man sich immer auch mit der gesellschaftlichen Bedeutung von Film und Kino und sieht den Film nicht als Kunstwerk, sondern als (Massen-)Medium.

Um Filme zu erschaffen, sind viele Menschen notwendig. Wie der kurze historische Abriss zeigen wird, vergingen nur wenige Jahre von der Erfindung der laufenden Bilder bis zur arbeitsteiligen Filmindustrie, wie wir sie heute kennen. Filme werden von einem großen Team mit Produzenten, Regisseuren, Drehbuchschreibern, Kameraleuten und vielen mehr hergestellt, vom Filmverleih verliehen und in Kinos aufgeführt. Aber nur einige, die an der Filmherstellung beteiligt sind, bekommen etwas vom Glanz der Filmindustrie ab. Die Schauspieler und Schauspielerinnen sind es, die für das Publikum über den roten Teppich laufen. Nur wenige Regisseure, manche Komponisten und Produzenten dagegen kennt das Massenpublikum. Dabei erschaffen gerade die Menschen, die hinter der Kamera wirken, erst den Traum und den Glanz.

Im 4. Kapitel über die Filmindustrie wird Film deshalb im Spannungsfeld zwischen Kunst und Wirtschaft beschrieben. Der Film, der auf der einen Seite ein kulturelles Gut und Kunstwerk darstellt, ist auf der anderen Seite Produkt einer Milliardenindustrie. Dargestellt werden die Filmstudios, die

Berufsfelder, die an der Filmproduktion beteiligt sind, der Filmverleih und die Filmfinanzierung.

Film zählt meist nicht zum Kerngebiet der Kommunikationswissenschaft und wurde von ihr oft stiefmütterlich behandelt. Gerade das Spannungsfeld zwischen Kunst- und Wirtschaftsform, in dem sich Film befindet, führte offensichtlich zu dieser Vernachlässigung. Als Kunstform zählten viele Wissenschaftler Film nicht zu den Massenmedien, auch wenn Filme ein Massenpublikum anzogen. Interessanterweise entwickelte sich die (deutsche) universitäre Auseinandersetzung mit Film an theaterwissenschaftlichen Instituten, oft auch in sprachwissenschaftlichen Fachbereichen wie Romanistik oder Anglistik, nicht aber bei den Publizistikwissenschaften, die sich vorrangig mit journalistischen Massenmedien beschäftigten. Film aber war das Massenmedium schlechthin, in seiner Glanzzeit Mitte der 1950er Jahre mit bis zu 800 Millionen Zuschauern jährlich in Deutschland. Oft wird die Zurückhaltung der Kommunikationswissenschaften damit begründet, dass Film im Kino nur fiktionale Geschichten erzähle. Dabei gehörten bis in die 1960er Jahre die Wochenschauen, also journalistische Nachrichten, zum Standardrepertoire eines Kinoprogramms. Gleichwohl machten die Kommunikationswissenschaftler Film und Kino selten zum Gegenstand ihrer akademischen Beschäftigung. Aus der geisteswissenschaftlichen Tradition der Fächer, die sich für Film interessierten, entwickelten sich die Filmanalyse und Filmtheorie. Durch deren literaturwissenschaftliche Grundlagen stand der Film als Werk eines Autors und Künstlers im Zentrum. Das Publikum, die Filmwirkung und Rezeption wurden allenfalls implizit einbezogen. So unterscheidet sich das Instrument der Filmanalyse deutlich von der kommunikationswissenschaftlichen Inhaltsanalyse, die meistens das gesprochene Wort nach Inhalt und Bedeutung untersucht. Bei einer Filmanalyse werden die Bilder, die Geschichte, die Narration und Dramaturgie zusätzlich berücksichtig. Das 5. Kapitel »Filmtheorie und Filmanalyse« skizziert die Richtungen der Filmtheorie.

Ohne Publikum gibt es keinen Film. Warum aber gehen wir ins Kino, und welche Filme sehen wir uns an? Das 6. Kapitel befasst sich mit dem Forschungsstand zur Kinonutzung, zur Einstellung des Kinopublikums und zu Motiven der Kinonutzung. Es wird ums deutsche Kinopublikum gehen, vor allem darum, wie der demografische Wandel seine Zusammensetzung beeinflusst und wie es seine Filmauswahl trifft. Da es das eine Kinopublikum nicht gibt, sondern viele Kinobesucher viele verschiedene Filme mögen, wird auch auf die Unterschiede zwischen einem Publikum, das sich eher Arthaus-Filme ansieht, und dem Mainstream-Publikum eingegangen. Dieses Kapitel stellt außerdem dar, wie sich das Kinoverhalten im Laufe eines Lebens verändert.

Das Buch endet mit der Frage nach der Zukunft des Kinos: Kapitel 7 fasst die Analysen der verschiedenen Kapitel zusammen und wagt einen Ausblick.

3. Geschichte von Film und Kino

In diesem Kapitel liegt der Schwerpunkt auf der Geschichte des Kinos als Abspielort und Ort der Filmrezeption. Die Publikumsperspektive ermöglicht es, die Faszination von Film und Kino zu beschreiben. Die Analyse konzentriert sich auf Deutschland und reicht von den ersten laufenden Bildern vor über 100 Jahren bis zur heutigen Kinolandschaft.

Von der ersten Kinoaufführung bis zu einer blühenden Unterhaltungsindustrie vergingen nur wenige Jahre: Die Filmgeschichtsschreibung ist übereingekommen, die Aufführung der Brüder Lumière vom 28. Dezember 1895 in Paris als Geburtsstunde des Films zu bezeichnen. Zwar zeigten die Gebrüder Skladanowsky in Berlin schon einige Wochen vorher »laufende Bilder«, doch ihr System setzte sich technisch nicht durch.

Das frühe Kino

Anfangs waren Filmvorführungen auf Jahrmärkte und das fahrende Gewerbe beschränkt. Auch Varietétheater wie der Berliner »Wintergarten«, in dem die Gebrüder Skladanowsky

Filme wie das *Boxende Känguru* oder den *Serpentintanz* zeigten, gehörten zu den Vorführorten. Schausteller kauften Filmvorführapparate und Filme, reisten damit durch die Städte und führten ihre Filme vor. Die frühen Filme enthielten entweder Kuriositäten, wie eben das boxende Känguru, dokumentierten Alltagsleben oder Szenen um Könige, Kaiser und Adlige. Diese neue Form der Unterhaltung fand so regen Zuspruch, dass sich nur nach wenigen Jahren die ersten ortsfesten Abspielstätten etablierten.

Ab circa 1906 gehörten Kinos zum Standard einer deutschen, amerikanischen oder französischen Stadt. Das hatte Auswirkungen auf das Programm und die Anforderungen an die Filme. Kauften bis dahin die Schausteller die Filme und spielten sie so lange an verschiedenen Orten ab, bis sie zu sehr zerkratzt und damit unzeigbar waren, brauchten ortsfeste Spielstätten nun kontinuierlich neue Filme, um die Menschen immer wieder ins Kino zu locken. Daraus entwickelte sich der Filmverleih. Kinobesitzer mussten die Filme nun nicht mehr kaufen, sondern liehen sich diese aus und zeigten sie ein paar Wochen. Danach wanderte der jeweilige Film in ein anderes Kino, wahrscheinlich in eine andere Stadt. Mit der Etablierung der ortsfesten Kinos und des Filmverleihs wuchs auch der Anspruch des Publikums an die Inhalte der Filme. Kurze Episoden reichten nicht mehr aus. 1910 wurde in Deutschland der erste längere Film aufgeführt. Er dauerte 38 Minuten und erzählte eine dramatische Liebesgeschichte. Damit war der Spielfilm, wie wir ihn heute kennen, geboren. Dieser erste Spielfilm, *Abgründe* (1910), war auch die Geburtsstunde des ersten Leinwandstars in Deutschland: der Dänin Asta Nielsen. Mit ihren markant großen schwarzen Augen wurde sie zur Femme fatale der Stummfilmzeit. Leider sind etwa 80 % der Filme aus der frühen Stimmfilmzeit nicht mehr erhalten.

Zur Entwicklung der prosperierenden Filmindustrie gehört auch, dass der Dreh von Filmen aus den Städten auf die grüne Wiese verdrängt wurde. Filme waren damals aus hochentzündlichem und sogar selbstentzündlichem Material hergestellt, so dass Städte wie Berlin nach einigen verheerenden Bränden die Produktion von Filmen innerhalb der Stadtgrenzen verboten. Um die Jahrhundertwende waren Filmstudios oft auf den Dächern untergebracht, da man für den Filmdreh Sonnenlicht benötigte. Brach dort ein Feuer aus, war es kaum zu löschen, denn das Wasser kam nicht bis auf die Dächer.

Im Jahr 1911 wurde in Babelsberg, am Rande von Berlin, der Grundstein für das heutige Studio Babelsberg gelegt und 1912 der erste Film, *Der Totentanz* mit Asta Nielsen, gedreht. So entstand um die 1910er Jahre weltweit eine professionalisierte Filmindustrie: In Amerika beispielsweise siedelte sie sich in Hollywood an. Heute steht »Hollywood« synonym für Glamour, große Filmstudios und Kassenerfolge. Hollywood perfektionierte das Starsystem, wie wir es auch heute noch kennen. Die frühen Hollywoodstars hießen Mary Pickfort oder »The Biograph Girl«.

Bis zum Beginn des Ersten Weltkriegs standen sich die US-amerikanische und die europäische Filmindustrie gleichberechtigt gegenüber. Die künstlerischen Innovationen kamen aus Frankreich, die technischen aus den USA, und da beim Stummfilm die Sprache keine Rolle spielte, konnten europäische Filme innerhalb von ganz Europa gezeigt werden. Der Erste Weltkrieg zerschlug die junge europäische Filmindustrie jedoch in kürzester Zeit. Für die Herstellung von Schießpulver und Zelluloid sind die gleichen Chemikalien notwendig, und in Kriegszeiten ordneten die Regierungen selbstverständlich an, dass Waffen und nicht Filme damit hergestellt wurden. In dieser Zeit konnte sich die amerikanische Filmindustrie uneingeschränkt weiterentwickeln und möglicherweise den Grundstein für die noch heute vorherrschende Dominanz legen.

Während in Europa der Krieg tobte, erfand Hollywood das Studiosystem und die Filmherstellung am laufenden Band. Neuerungen in Erzählweisen, in Kameraführung, Slapstick und Comedy, die Liebeskomödie, das Drama, all dies entwickelte sich damals. Die großen Studios, die heute noch unser Bild von Hollywood prägen, wie MGM, Universal Picture und Warner Brothers, wurden in diesen Jahren gegründet und wuchsen zu Megakonzernen an.

Das frühe Kino wird oft mit der Annahme verbunden, dass es ein Unterschichten- und Proletariermedium war und hauptsächlich von Frauen besucht wurde. Literarische Beschreibungen wie Döblins *Kleine Leute* (1909) und Kracauers *Ladenmädchen* (1929) nährten diesen Mythos. Ansonsten ist über das frühe Publikum recht wenig bekannt. Aufgrund der Vorführorte wie Jahrmärkte und Kirmes sowie den schlecht ausgestatteten Ladenkinos gingen die meisten Wissenschaftler von einem Arbeiterpublikum aus. Diese Annahme muss aber wohl revidiert werden. Überliefert ist beispielsweise aus Frankreich, dass dort zumindest anfangs auch die Oberschicht Filmvorstellungen besuchte. So kamen 200 Bürger am 6. Mai 1897 durch die Explosion einer Ätherlampe und den anschließenden Brand eines Wohltätigkeitsbasars in Paris ums Leben. Der Legende zufolge führte dieser Vorfall, der die mögliche Lebensgefahr bei Filmvorführungen zeigte, zu der Abneigung von Kinovorstellungen bei der Oberschicht. Betrachtet man jedoch den Bau der edlen und eleganten Kinos in den Innenstädten, so spricht einiges gegen diese Abneigung. So wurde der erste Kinopalast in München 1913 in Anwesenheit von König Ludwig III. und seinem gesamten Hofstaat eröffnet. Dies ist ein Indiz dafür, dass die Kinematografie zumindest beim bayerischen Adel nicht verpönt gewesen sein konnte. Luxuriösere Kinos wären kaum entstanden, wenn es keine Nachfrage gegeben hätte.

Aus einer der wenigen Untersuchungen dieser Zeit, der Altenloh-Studie (1914), wissen wir ebenfalls, dass bereits 1912 der Kinobesuch für alle Schichten und Berufe selbstverständlich war. Demnach besuchten die jungen Männer (und nicht die Ladenmädchen) am häufigsten ein Kino.

Nicht unschuldig an der verzerrten Wahrnehmung des tatsächlichen Publikums sind sicherlich die Warnungen der Kinoreformer, die unermüdlich auf den negativen Einfluss des Kinos auf Kinder, Jugendliche und Unterschichten hinweisen. Anfänge des Kampfes gegen die »Kinoseuche« sind ab 1907 dokumentiert. Es entstehen Schriften, die auf die Gefahren des Schundfilms und die unzüchtigen Ladenkinos hinweisen. An dieser Stelle muss darauf hingewiesen werden, dass es um die Jahrhundertwende nur wenige Orte gab, an denen sich Jugendliche und junge Erwachsene treffen konnten und wohin vor allem auch Frauen allein hingehen konnten. In der Fantasie der Kinoreformer konnte in der Dunkelheit zwischen unverheirateten jungen Mädchen und jungen Männern noch eine Menge mehr passieren, als nur einen Film anzusehen. Festzuhalten bleibt: Film – damals untrennbar mit Kino, dem dunklen Raum zur Vorführung, verbunden – setzte sich schnell als Massenmedium durch.

Die Goldenen Jahre

Für die deutsche Kinoindustrie waren die 1920er Jahre die Goldenen Jahre. In dieser Zeit etablierten sich vor allem die riesigen Filmtheater, von Siegfried Kracauer als »Paläste der Zerstreuung« bezeichnet. Errichtet von Stararchitekten und mit Platzkapazitäten von circa 2 000 Sitzen waren diese Kinos vornehm ausgestattet und an den ersten Adressen in den Städten untergebracht; in Berlin war dies der Kurfürstendamm. Diese Kinos trugen wohlklingende Namen wie *Titania Palast* oder *Mozartsaal*. Filmstudios wie die UFA (Universum Film AG 1917) wurden gegründet, und ein deutscher Filmstil entwickelte sich. Zeitgenössische Beobachter, fasziniert von der Wirkung der Filmbilder, verfassten die heute noch rezipierten Analysen zur Filmtheorie, zum Beispiel Rudolf von Arnheim (1932), Béla Balázs (1924) oder Siegfried Kracauer (1929).

Die 1920er Jahre sind auch die Jahre, in denen die Leinwandgöttinnen und -helden verehrt wurden. Marlene Dietrich wurde mit dem Film *Der blaue Engel* (1930) über Nacht zum Kinostar. Schon damals gab es Starpostkarten und ähnliche Fansammelartikel. Wichtig scheint dabei heute wie damals zu sein, dass Filmschauspieler der realen Welt entrückt wirken und den Eindruck erwecken, ein unerreichbares Leben zu führen.

Zwar dauerte das Goldene Zeitalter der deutschen Filmwirtschaft nur bis zur Machtübernahme durch Adolf Hitler im Jahr 1933 an, aber in der kurzen Zeit wurden stilprägende Werke geschaffen. Inspiriert durch einen modernen Zeitgeist, beeinflusst von Theaterstücken und Kunst entstanden Werke wie der expressionistische Film *Das Cabinet des Dr. Caligari* (1919) oder, als Gegensatz dazu, der naturalistische und furchterregende Film *Nosferatu – Eine Symphonie des Grauens* (1922). Als filmhistorischer Meilenstein gilt der expressionistische Science-Fiction-Film *Metropolis* (1927). Alle diese Werke stehen für filmische Innovationen, was Bildsprache und Erzählweise betrifft. Kamera und Schnitt wurden so eingesetzt, dass die Bilder für sich die Geschichte erzählten und kaum Zwischentexte notwendig waren. Auch die Bühnenbilder waren Kunstwerke für sich. Die Filme waren fantastisch oder realistisch, aber künstlerisch und ästhetisch neu.

Betrachtet man aber die Publikumshits in dieser Zeit, so lassen sich als beliebteste Genres die Komödie und andere leichte Stoffe erkennen. Obwohl die 20er Jahre die filmhistorisch wichtigen expressionistischen Klassiker hervorbrachten, gehörten diese in der Regel nicht zu den Publikumsfavoriten. So findet man mit Ausnahme von *Metropolis* (1927) kaum Filmklassiker auf den Hitlisten. Diese Auflistungen werden angeführt von Komödien wie *Die Drei von der Tankstelle* (1930/31), Lustspielen wie *An der schönen blauen Donau* (1926/27), *Frau im Mond* (1929/30) oder dem amerikanischen Monumentalfilm *Ben Hur* (1927/28).

In den unzähligen Abhandlungen und Filmanalysen über die Filme der 20er Jahre mit ihren Zuordnungen zu verschiedenen Stilrichtungen, Regisseuren usw. spielt der Publikumsgeschmack selten eine Rolle. Meistens finden sich nicht einmal Hinweise auf die Akzeptanz der Filme beim Publikum, sondern nur Besprechungen der zeitgenössischen Filmkritiker. Dass diese in der Regel nicht mit den realen Publikumsvorlieben übereinstimmen, lässt sich auch heute noch beobachten.

An der Entwicklung des Tonfilms arbeiteten verschiedene Techniker weltweit seit Ende der 1920er Jahre gleichzeitig. Hier gilt die Aufführung von *The Jazzsinger* (1927) als Geburtsstunde. Zwar waren die Filmvorführungen der Stummfilmära nicht still; die Filme wurden je nach Art des Kinos von Klavieren oder, in den Filmpalästen, von ganzen Orchestern musikalisch begleitet, aber der Tonfilm brachte Sprache in den Film. Das bedeutet nicht nur, dass nun die Möglichkeit bestand, die Schauspieler sprechen zu lassen, es war auch mit einem künstlerischen Umbruch verbunden: weg von der Bildsprache, hin zum Dialog. Nicht alle Filmemacher und Schauspieler konnten diesen Wandel vollziehen. Marlene Dietrich hingegen nutzte die Chance. Der Film *Der blaue Engel* (1930) wurde gleichzeitig in Deutsch und parallel dazu in Englisch gedreht, damit er sowohl in Europa als auch in den USA gezeigt werden konnte, und die Dietrich wurde auch in den USA ein Star.

Die Einführung des Tonfilms erfolgte etwa zeitgleich mit dem Beginn der Weltwirtschaftskrise, und erstmals sanken die Kinobesucherzahlen weltweit, die bis dahin kontinuierlich gestiegen waren.

Kino und Propaganda

In den Jahren des Zweiten Weltkriegs setzten alle am Krieg beteiligten Regierungen, wie die amerikanische, russische, englische und deutsche, Film und Pflichtkinovorführungen zu
Propagandazwecken ein. Perfektioniert wurde dies aber von
den Nationalsozialisten. Sie unterstellten im Zuge der gesellschaftlichen Gleichschaltungspolitik auch die Filmindustrie
der staatlichen Kontrolle. Dazu gehörten Produktion, Einfuhr
ausländischer Filme, Programmablauf, Kritik, Reklame und
die organisierten Pflichtbesuche im Kino. Neben Propagandafilmen wie *Jud Süß* (1940) wurden gleichzeitig »Durchhal-
te-Filme« wie *Die große Liebe* (1942) gedreht, in dem Zarah
Leander noch heute unvergessen »Es wird einmal ein Wun-
der geschehen« singt. Das Publikum entzog sich jedoch der
direkten Propaganda und suchte nur die leichte Unterhaltung.
Zwar gab es Pflichtvorführungen beispielsweise für den Film
Triumph des Willens (1935) von Leni Riefenstahl, den Schüler und Schülerinnen mit ihren Schulklassen ansehen mussten. Aber am erfolgreichsten war damals der Film *Frau meiner
Träume* (1944), ein Revuefilm mit Marika Rökk, der 5,5 Millionen Zuschauer ins Kino lockte.

Gleichzeitig konnten die Deutschen dem Krieg auch im
Kino nicht entgehen, da die *Deutsche Wochenschau* ebenfalls
zum Kino gehörte. Vor jeder Spielfilmvorführung gab es in jedem Kino diese frühe Form der Nachrichtendokumentation.
So sahen Millionen Kinobesucher die Berichte von der Front
und aus dem Krieg. Spielfilme jedoch, die sich mit dem Krieg
beschäftigten, blieben fast ohne Zuschauer.

Auch die USA setzten Film zur Propaganda ein. Die sogenannten »Why we fight«-Filme wurden von namhaften Regisseuren der damaligen Zeit wie Frank Capra im Auftrag
des Verteidigungsministerium gedreht. Ziel der Filme war es,
die amerikanische Bevölkerung vom Eintritt in den Zweiten
Weltkrieg zu überzeugen und die Moral in der Armee zu stär-

ken. Wissenschaftlich sind diese Filme besonders interessant, da ihre Wirkung zum ersten Mal empirisch untersucht wurde. Carl I. Hoveland, ein Psychologe aus Yale, befragte Soldaten im Anschluss an die Filmvorführungen, inwieweit sich ihr Wissen und ihre Einstellungen zum Eintritt Amerikas in den Krieg verändert hätten. Die Ergebnisse zeigen, dass die Filme das Faktenwissen verbessern, aber Einstellungen nicht verändern konnten.

Die Aufbau- und Wirtschaftswunderjahre

Obwohl während des Zweiten Weltkriegs ein Großteil der Kinos zerstört worden war, erholte sich die Kinoindustrie nach 1945 rasch. In den Jahren des Aufbruchs, den 1950er Jahren, stiegen die Besucherzahlen auf über 800 Millionen an, um bis zum Ende der 1960er Jahre auf circa 200 Millionen abzusinken. Ein Rückgang des Kinopublikums wurde in allen westlichen Industrieländern gleichermaßen verzeichnet. Die Einführung des Fernsehens, die größere Mobilität und die Vielfalt der Freizeitangebote werden als Begründung gesehen. Das »Heimkino« Fernsehen zeigte in den Anfangsjahren zwar keine Spielfilme, übernahm aber die Funktion der Nachrichtenübermittlung. Das Neueste von der Welt musste nun nicht mehr via Wochenschau im Kino angesehen werden, sondern kam bequem nach Hause.

Direkt nach dem Krieg – im Kontext der alliierten Re-Education-Politik – bestimmten ausländische bzw. amerikanische Filme und als harmlos eingestufte Filme der 1930er Jahre wie *Immensee* (1943) das Filmprogramm in Westdeutschland. Der deutsche Publikumsgeschmack der frühen 1950er Jahre lässt sich recht anschaulich beschreiben: Die Deutschen mochten sentimentale Heimatfilme wie *Grün ist die Heide* (1951), Arztfilme mit charismatischen Vaterfiguren wie *Dr. Holl* (1951) oder *Sauerbruch – das war mein Leben* (1954). Auch die Serien

imperialer Rührstücke wie *Sissi* (ab 1955) und die kleinbürger-
lich-versöhnlichen Sozialromanzen wie *Keine Angst vor großen Tieren* (1953) und *Wir Wunderkinder* (1958) standen hoch
in der Gunst der Zuschauer.

Die amerikanische Filmindustrie erlebte in den 1950er und
1960er Jahren ebenfalls einen Umbruch. Hatte sie das Studiosystem in den 1930er und 1940er Jahren perfektioniert und
Filme arbeitsteilig wie am Fließband hergestellt, so führte eine
Rechtsprechung (1948), die sich gegen Medienkonzentration
richtete, zur Zerschlagung der Großkonzerne. Die Gerichte
und Gesetze ordneten an, dass Filmproduktion, Filmverleih
und Kino nicht länger in einer Firma vereint sein durften. Das
alte System hatte wenigen großen Filmstudios eine enorme
Macht verliehen. Sie verfügten sowohl über die Filmproduktion als auch über die Kinos, in denen dann alle ihre Filme gezeigt werden mussten, egal wie erfolgversprechend sie beim
Publikum sein würden. Nun mussten die Konzerne die Kinos verkaufen. Waren bis dahin Schauspieler, Regisseure und
Drehbuchautoren fest bei einem Studio angestellt, entließen
einige der Major-Studios viele ihrer Mitarbeiter und stellten
diese nun nur noch mit Projektverträgen befristet ein. Die
neue rechtliche Situation ging einher mit der Einführung des
Fernsehens, was auch in den USA zu einem drastischen Rückgang an Kinobesucherzahlen führte. So musste sich die Filmindustrie neu definieren. Die meisten Filmhistoriker sprechen den Filmen, die in den Studiojahren entstanden sind,
wenig künstlerischen Wert zu. Als rein kommerzielle, indus-
triell hergestellte Filme, die nach einfachen Rezepten entstanden sind, befriedigten sie den Massengeschmack. Nun waren
künstlerisch neue Ideen gefragt. Das Kino musste sich bild-
lich und ästhetisch noch stärker vom Fernsehen absetzen und
besondere Geschichten erzählen. In diesen Jahren entstanden
beispielsweise die Klassiker von Alfred Hitchcock, wie *Fenster
zum Hof* (1954) oder *Vertigo* (1958).

Mit dem Rückgang der Kinobesuche in den 1960er Jahren

begann das sogenannte Kinosterben, das bis in die 1980er Jahre anhielt. Die Besucherzahlen gingen drastisch zurück, und viele Filmtheater mussten schließen. Innerhalb weniger Jahre reduzierte sich der Kinobesuch in Deutschland auf ein Viertel (von 818 Millionen Besuchern im Jahre 1956 auf 216 Millionen im Jahre 1967), und damit auch die Zahl der Filmtheater, um sich schließlich 30 Jahre später bei etwas mehr als 100 Millionen Besuchern einzupendeln. Der Rückgang des Kinopublikums zeichnete sich in allen westlichen Industrieländern gleichermaßen ab. Im Zuge der Publikumsverluste gingen die Kinobesitzer in den 1970er Jahren dazu über, große Kinopaläste in kleine Schachtelkinos zu parzellieren.

Betrachtet man den Publikumsgeschmack, so führten in den 1960er Jahren die harmlosen Freddy-Quinn-Filme wie *Freddy und das Lied der Südsee* (1962), die Karl-May Filme wie *Winnetou I–III* (1963–1965) und die Edgar-Wallace-Verfilmungen wie *Gasthaus an der Themse* (1962) die Hitlisten an. In den 1970er Jahren beglückten die Aufklärungsfilme à la Oswald Kolle und *Schulmädchenreport 1–13* (ab 1971) das Publikum. Daneben machten Klamaukfilme wie *Die Lümmel von der der ersten Bank* (seit 1968) Kasse. Einen leichten Anstieg an Besucherzahlen gab es 1978, als amerikanische Filme wie *Krieg der Sterne (Star Wars* 1977*), Nur Samstag Nacht (Saturday Night Fever* 1977) und *Grease* (1978) erfolgreich waren.

Als Gegengewicht zum Mainstreamprogramm gründeten Kinoenthusiasten und Cineasten lokale, nicht gewerbliche Filmclubs, die ein anspruchsvolleres Programm zeigten. Vor allem Filme aus Frankreich, Italien oder Werke des Neuen Deutschen Films waren hier zu sehen. Inspiriert von der französischen »Nouvelle Vague« wollten Autorenfilmer wie Volker Schlöndorff, Rainer Werner Fassbinder oder Wim Wenders nicht mehr nur unterhalten, sondern Denkanstöße liefern. Ihre Filme sollten visuell neu und anregend sein. Kommerziell waren diese Filme nur selten erfolgreich. Das spielte aber keine Rolle, da Film nun als Kunst definiert wur-

de und ein kommerzieller Erfolg nicht mehr der Maßstab war.
Durch ein System von kunst- und kulturorientierter öffent-
licher Filmförderung konnten diese künstlerisch anspruchsvollen Filme finanziert werden. Zu den wenigen Publikumserfolgen gehörte Volker Schlöndorffs *Die verlorene Ehre der
Katharina Blum* (1975).

Fasst man die Zeit von 1960 bis 1980 zusammen, so sind
es die Jahre der Besucherverluste, Kinoschließungen und der
anschließenden Stabilisierung auf niedrigem Niveau. Künstlerisch versuchten jungen Filmemacher weltweit sich vom
Mainstreamkino abzugrenzen und anspruchsvolle Filme als
Gegenprogramm zu drehen.

Die 1990er und 2000er Jahre

In den 1990er Jahren setzte eine Modernisierungswelle der
Kinoindustrie ein; Multiplexe (Kinos mit mehr als sieben
Leinwänden) hielten Einzug. Dies lockte endlich wieder mehr
Zuschauer an. Gleichzeitig wurden die Filme immer aufwän-
diger, teurer und mit Special Effects produziert.

Die Kluft zwischen den künstlerisch anspruchsvollen Filmen und den massentauglichen, erfolgreichen Blockbustern
wurde immer größer. Gleichwohl versuchten einige Filmemacher, mit künstlerisch anspruchsvollen Filmen beim Publikum erfolgreich zu sein. Dies gelang beispielsweise Tom Tyk-
wer mit *Lola rennt* (1998). Auch Filmemacher wie Lars von
Trier mit seinen dänischen Dogma-Filmen (z. B. *Idioten* 1998)
oder Quentin Tarantino (*Pulp Fiction* 1994) gelang es, ein ästhetisch neues und anspruchsvolles Kino zu schaffen, das
gleichzeitig ein großes Publikum ansprach.

Hollywood baute auf eine Franchise-Strategie, um die Risiken der immer teurer werdenden Filmproduktionen abzu-
federn. Das heißt, sie versuchten aus bekannten Stoffen neue
Filme zu machen. Bekannte Stoffe sind Vorlagen von erfolg-

reichen Büchern, Fernsehserien oder Computerspielen, aber auch Fortsetzungen von schon vorhandenen Filmen. So setzte George Lucas seine *Star Wars*-Trilogie fort, indem er die Vorgeschichte in drei Teilen erzählte. Die *Harry Potter*-Bücher wurden in acht Teilen (2001 bis 2011) verfilmt. Dabei boten die Filmemacher auch hier ästhetische Neuerungen, die durch die Computertechnologie möglich waren. Beispielhaft war die *Herr der Ringe*-Trilogie (2001–2003), die Verfilmung der Tolkien-Bücher durch Peter Jackson, mit neuen visuellen Effekten. Das Publikum liebt diese aufwändigen Hollywood-Spektakel. So sahen 18 Millionen Deutsche den Kassenhit *Titanic* (1997).

Zurzeit experimentieren Filmemacher mit der 3-D-Technologie. So ist es mittlerweile üblich, dass Kinofilme sowohl in 2-D- als auch in 3-D-Version in die Kinos kommen. Wegweisend auf diesem Gebiet war der Film *Avatar* (2009). Bisher hat aber die dreidimensionale Technologie die zweidimensionale nicht abgelöst, sondern scheint diese bei bestimmten Filmen zu ergänzen. Künstlerisch wird dem etablierten Hollywood-Kino derzeit eher ein Stillstand bescheinigt, neue und originäre Stoffe besitzen eher Seltenheitswert. Eine Analyse der Filmhits aus dem Jahr 2012 zeigt, dass unter den Top-50-Filmen fast nur Fortsetzungen bzw. Franchise-Filme waren und kaum neue originäre Stoffe. Momentan wird dem Fernsehen mehr künstlerische Innovation zugesprochen. Hochwertige Serien wir *Mad Men* (seit 2007) oder verstörende Gesellschaftsbeschreibungen wie *The Wire* (2002–2008) oder *House of Cards* (seit 2013) sind die künstlerisch treibenden Kräfte. Doch noch ist es zu früh, dass Kino totzuschreiben. Kino war immer im Wandel, sowohl technologisch als auch ästhetisch und gesellschaftlich. Bisher hatte Kino immer die Kraft, sich aus Krisen heraus neu zu entwickeln.

Zwei Aspekte prägen aktuell die Diskussion um die Zukunft des Kinos: die Auswirkungen der Digitalisierung der Filmherstellung und des Vertriebs sowie der demografische

Wandel. Gleichzeitig lassen immer aufwändigere Actionfilme, meist als Serien gedreht, die Produktionskosten explodieren, und die Refinanzierung an der Kinokasse wird schwieriger. Das Publikum ist jedoch unberechenbar, hohe Produktionskosten sind keine Garantie für den Kassenerfolg. Mit der Digitalisierung geht einher, dass jüngere Menschen seltener ins Kino gehen, sie beschäftigen sich mehr mit interaktiven Computerspielen, sehen Filme am Computer und laden sie aus dem Internet herunter. Offensichtlich geht der Reiz der Filmvorführung im dunklen Raum für sie verloren. Dagegen wächst die Gruppe der älteren Kinobesucher, die jedoch andere Filme bevorzugt. Kino und Film müssen sich also, wie schon so oft, neu erfinden.

4. Wie werden Filme gemacht? Die Filmindustrie

Die Filmindustrie beschäftigt eine Vielzahl an Personen, die für die Filmherstellung, den Vertrieb und die Aufführung im Kino verantwortlich sind. Das folgende Kapitel beschreibt die Schritte, die notwendig sind, um aus einer Filmidee einen Film herzustellen, der dann auch seinen Weg zum Publikum findet. Skizziert wird dabei das Spannungsfeld von Film zwischen Kunst und Kommerz.

Film – auf der einen Seite steht die Filmindustrie (und damit ist vor allem Hollywood gemeint) für Glamour, für Millionengehälter pro Film, für eine dollarschwere Industrie. Auf der anderen Seite kämpfen deutsche Filmemacher um mehr Filmförderung, da sich Filme in Deutschland ohne Förderung kaum finanzieren lassen. Gewerkschaften gehen gegen die Unterbezahlung der vielen Helfer am Filmset vor, auch dem Gros der deutschen Schauspieler winken keine Millionengagen. Sie machen immer wieder darauf aufmerksam, dass sie häufig nur 1000 Euro pro Monat verdienen. Deutlich wird hier: Film und Kino stehen in einem Spannungsfeld zwischen Kunst und Kommerz, zwischen Milliardenindustrie und Kulturförderung.

Die Filmindustrie

Die Filmindustrie funktioniert arbeitsteilig. Filme werden von Produktionsgesellschaften hergestellt, von Verleihern ins Kino gebracht und von Kinobesitzern gezeigt. Um Filme zu machen und auf der Kinoleinwand sehen zu können, sind also viele Menschen notwendig: Man braucht Drehbuchautoren, Produzenten, Regisseure, Kameraleute, viele Assistenten, Schauspieler, Komparsen, außerdem Maskenbildner, Musiker und Szenenbildner. Marketing- und Werbeexperten beim Filmverleih sorgen dafür, dass der Film bekannt wird, und schließlich kümmern sich die Mitarbeiter im Kino, wie die Platzanweiserin, um die Besucher, die zur Filmvorführung kommen.

Anschaulich zeigen die vielen Kategorien, in denen Filmpreise vergeben werden, was alles notwendig ist, um einen Film zu produzieren. Der berühmteste Filmpreis, der *Oscar,* ehrt beispielsweise in bis zu 25 Kategorien die Beteiligten vor und hinter der Kamera. Ausgezeichnet werden jedoch nur Personen, die bei der Erstellung eines Films mitwirken; die Heerschar an Menschen, die im Filmverleih und im Kino arbeiten, vom Filmvorführer bis zur Popkornverkäuferin, bleibt unsichtbar.

Filmindustrie ist ein Milliardengeschäft. Die Unternehmensberatung PriceWaterhouseCoopers schätzt den Umsatz der Medienindustrie in Deutschland im Jahr 2013 insgesamt – Fernsehen, Presse, Internet, Radio, Kino – auf 65 Milliarden Euro, weltweit sogar auf 1,6 Billionen Euro. Betrachtet man nur den Filmmarkt – inklusive Kinoaufführungen, aber auch DVD-Verleih und -Verkauf oder Filmstreaming auf verschiedenen Plattformen, von der Branche Video-on-Demand (VOD) genannt –, dann geht man im Filmsegment von einem Umsatz von 2,8 Milliarden Euro in Deutschland aus. Davon setzte die Branche im Jahr 2013 im Video-/DVD-Verleih und -Verkauf sowie durch VOD 1,8 Mrd. Euro um. Allein der Um-

Abb. 1   Der Filmmarkt in Deutschland

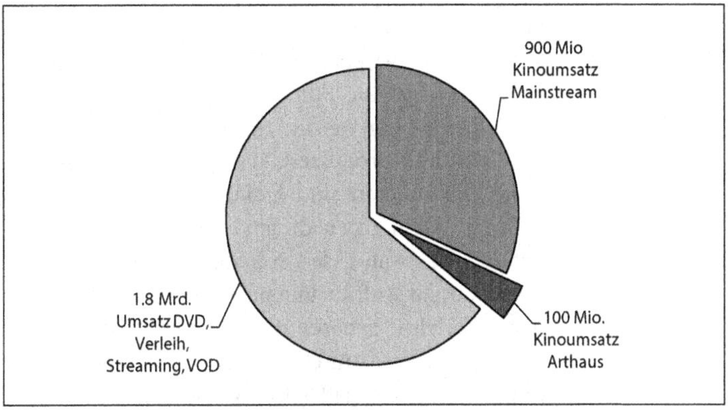

900 Mio
Kinoumsatz
Mainstream

1.8 Mrd.
Umsatz DVD,
Verleih,
Streaming, VOD

100 Mio.
Kinoumsatz
Arthaus

Umsatz, der mit Filmen in Deutschland erzielt wird. Quelle: SPIO 2014

satz an der Kinokasse beträgt in Deutschland ungefähr eine
Milliarde Euro. Dies entspricht 120 bis 130 Millionen Kinobesuchen.

Weltweit wurde im Jahr 2013 allein mit dem Verkauf von
Kinokarten ein Umsatz von ca. 25 Milliarden Euro erzielt. Der
wichtigste Markt für Kinofilme sind die USA, aber auch Japan,
China, Indien, Großbritannien, Frankreich und Deutschland
sind bedeutende Kinomärkte. In der Fachsprache wird der
Umsatz, der durch den Verkauf von Kinokarten im Kino er-
löst wird, als »Box-Office« bezeichnet. Dieser Begriff stammt
aus der Zeit vor der Onlinereservierung, als die Kinokarten-
verkäufer in einem gläsernen Kasten (box office) vor dem
Kino saßen und die Tickets verkauften. Der internationa-
le Markt wird für die Hollywood-Industrie immer wichtiger.
Während früher ein Großteil des Box-Office in den USA und
Kanada erlöst wurde, ist nun der Anteil am Umsatz in Europa,
Japan oder Südamerika auf über die Hälfte angestiegen.

In den USA werden jährlich um die 800 Filme produziert, der größte Filmproduzent ist allerdings Indien mit über 1000 Filmen jährlich. Als Bollywood-Film hat der Hindifilm, ein Subgenre, inzwischen weltweit Karriere gemacht. Im Vergleich dazu ist die Filmproduktion in Deutschland wesentlich kleiner. Hier werden um die 200 Filme im Jahr für die Kinoleinwand produziert, davon sind über die Hälfte Spielfilme, die anderen sind Dokumentarfilme oder Experimentalfilme. Die meisten dieser Filme schaffen es jedoch nicht auf die Leinwand des Nachbarschaftskinos, sondern vielleicht nur zur Aufführung bei einem Filmfestival. Nur wenige deutsche Filme gehören überhaupt zu den zehn erfolgreichsten eines Jahres. Am ehesten gelingt das den Komödien von Bully Herbig oder Till Schweiger. Diese Filme erreichen dann 3 bis 6 Millionen Zuschauer und gelten damit als sehr erfolgreich. Die meisten deutschen Produktionen liegen unter der 1-Million-Marke. Die Filmförderanstalt in Berlin veröffentlicht in ihren jährlichen Bilanzen die Publikumszahlen der Top 100 der deutschen Produktionen. Vergleicht man diese über die Jahre, so sieht man, dass ungefähr die Hälfte der deutschen Filme weniger als 100 000 Besucher hat, über eine 1 Million Besucher erreichen nur jeweils zehn deutsche Filme pro Jahr. Damit liegt der Marktanteil des deutschen Kinos jährlich zwischen 15 und 25 Prozent, je nachdem ob ein Till-Schweiger-Film oder eine andere Komödie den Besuch deutscher Filme befördert. Ungefähr 70 bis 75 Prozent der Kinokarten werden für amerikanische Filme gekauft. Damit wird ein Großteil des Umsatzes an der deutschen Kinokasse von ungefähr 1 Milliarde Euro mit amerikanischen Filmen gemacht.

Aber auch hier sind es nur wenige Filme, die als Kassenschlager oder Blockbuster gelten können. Dazu zählen die *Herr der Ringe*-Trilogie (2001–2003) und die nachfolgenden *Hobbit*-Filme (2012–2014), Verfilmungen von Action-Comics wie *Batman* oder, für junge Frauen, die *Twilight*-Serie

(2008–2012), Buchverfilmungen wie *Die Tribute von Panem (Hunger Games) (2012)* oder *Die Bestimmung (Divergent) (2014)*.

Filmproduktion

Bevor wir einen Film im Kino sehen können, muss dieser hergestellt, also produziert werden. Bekannt sind amerikanische Produktionsfirmen wie Paramount, 20th Century Fox, Warner Brothers oder Universal Studies. Sie zählen zu den sogenannten amerikanischen Major Studios und stehen bei uns für das »Hollywood-Kino« – dabei sitzen die Firmen oft gar nicht mehr in Hollywood, einem Stadtteil Los Angeles, sondern in Burbank oder Century City. Die Major Studios blicken auf eine lange und bedeutende Vergangenheit zurück. Sie haben in den 1920er und 1930er Jahren die Filmproduktion industrialisiert und perfektioniert. Inzwischen sind sie oft Teile von globalen Medienkonzernen. So gehört Warner Brothers beispielsweise zum Time Warner-Konzern. Sie machen mehrere Milliarden Umsatz und beschäftigen Heerscharen von Mitarbeitern. Bekannte Filme aus der Warner-Produktion sind die *Harry-Potter*-Reihe (2001–2011), aber auch der Klassiker *Casablanca* (1942). Ein anderer US-Major ist *20th Century Fox,* der die bekannten Filmreihen wie *Star Wars, Ice Age* (2002–2013), *Stirb langsam* (1988), oder auch *Kevin – Allein zu Haus* (1990) produziert hat.

In den USA werden die Majors auch als »Filmstudios« bezeichnet, denn ihnen gehören die Hallen und Flächen, wo die Filme gedreht werden. Auf Filmstudio-Touren hat die Öffentlichkeit die Möglichkeit, sich diese Studios ansehen. Die Universal Studios haben auf diese Weise einen lukrativen Entertainmentpark geschaffen.

Auch in Deutschland gibt es große Filmstudios. Legendär ist das älteste: Studio Babelsberg vor den Toren Berlins. Dort

fiel 1912 die erste Klappe. Seit der Gründung werden Filme
von wechselnden Firmen in wechselnden Gesellschaftssyste-
men produziert: während der Weimarer Republik, zu Zeiten
des Nationalsozialismus und der DDR sowie jetzt im wieder-
vereinigten Deutschland. Nach etlichen Besitzerwechseln ist
die Studio Babelsberg AG im Wesentlichen Bereitsteller der
Filmproduktionshallen und Studios. Als kreative Filmproduzenten ist Studio Babelsberg eher selten aktiv. Die anderen
wichtigen Filmstudios sitzen in einem Vorort von München,
die Bavaria Studios. Auch die Bavaria ist keine Filmproduktionsfirma oder ein Major Studio im amerikanischen Sinne. Als hundertprozentige Tochter von öffentlich-rechtlichen
Fernsehsendern produziert sie mit ihren vielen Unterfirmen
überwiegend fürs Fernsehen.

In Deutschland existieren nur einige wenige größere Filmproduktionsgesellschaften. Die meisten der jährlich rund 200
Kinofilme werden von kleinen Firmen mit wenigen Mitarbeitern hergestellt. Einige Produktionsfirmen gründen sich sogar nur für die Produktion eines einzigen Films. Da es sich
eine Filmproduktionsfirma in der Regel nicht leisten kann,
ausschließlich fürs Kino zu produzieren, stellt sie auch Filme und Serien fürs Fernsehen her. Es lässt sich schwer beur-
teilen, wie viel Umsatz mit dem eigentlichen Kinofilm erlöst
wird. Genaue Zahlen werden nicht oder nur grob kategori-
siert veröffentlicht. Zu den bekannteren und größeren Filmproduktionsfirmen in Deutschland gehören beispielsweise
die Constantin Film in München oder das X-Filme Creative
Pool in Berlin. Die Constantin Filmproduktion ist dafür bekannt, dass sie auch international kommerziell erfolgreiche
Filme produziert. Constantin-Filme sind *Das Parfum – Die
Geschichte eines Mörders* (2006), *Fack ju Göhte* (2013) oder
die *Resident Evil*-Reihe (2002–2012). Die Firma X-Filme ist
in den 1990er Jahren aus einem Kollektiv von Filmemachern
entstanden, die den Anspruch hatten, Kunst und wirtschaftlichen Erfolg zu kombinieren. Das ist dem Team auch in vielen

Fällen gelungen. Bekannte Filme sind *Lola rennt* (1998), *Alles auf Zucker* (2004) oder *Good bye Lenin* (2003).

Die heute in Potsdam ansässige Firma UFA GmbH ist Rechtsnachfolgerin der berühmten Universum-Film AG (UFA), die in den 1920er bis 1930er Jahren viele Filmklassiker wie *Metropolis* (1927) oder *Die Feuerzangenbowle* (1944) produzierte. Die heutige UFA ist bekannt für Fernsehfilmproduktionen und Daily Soaps wie *Gute Zeiten, schlechte Zeiten,* seit einigen Jahren aber auch für Kinofilmproduktionen wie *Hanni und Nanni* (2010) oder *Der Medicus* (2013). Sowohl bei der UFA, deren Umsatz auf 300 Millionen Euro geschätzt wird, als auch bei der Constantin, die laut Geschäfteberict einen Erlös von rund 400 Millionen Euro pro Jahr macht, hat der Kinofilm nur einen kleinen Anteil an der wirtschaftlichen Tätigkeit. Der größte Umsatz wird mit Fernsehproduktionen erzielt. Zahlen für kleine Firmen sind nicht auffindbar. Viele der kleineren deutschen Filmproduktionsfirmen erwirtschaften jedoch nur wenige Millionen Euro. Laut einer Studie aus dem Jahr 2012 erlösen 68 Prozent der Produktionsfirmen einen Umsatz von unter 5 Millionen Euro. Umgekehrt bedeutet dies, dass nur ein Drittel der Filmproduktionsfirmen mehr umsetzt, und davon nur eine Handvoll überhaupt mehr als 10 Millionen Euro. Dies steht im Gegensatz zur milliardenschweren Filmindustrie in den USA.

Nicht nur in der Anzahl der Filmproduktionen und den Firmengrößen unterscheiden sich die amerikanische und die deutsche Filmindustrie, auch bei den Produktionskosten der Filme bestehen gewaltige Unterschiede. Genaue Zahlen über die Höhe der Filmbudgets werden wie in den USA auch in Deutschland nur selten veröffentlicht. Derzeit dürfte der durchschnittliche deutsche Kinofilm aber ein Produktionsbudget, also Kosten, von 3 bis 5 Millionen Euro haben. Ausnahmen nach oben sind vereinzelt möglich, wie das *Parfum* (2006) mit 30 Millionen oder *Cloud Atlas* (2012) mit 100 Millionen. Doch so wie es diese extremen Ausreißer nach oben gibt, sind auch Ausnahmen nach unten möglich, wie *Dicke Mädchen* (2011) von Axel Ranisch, der mit einem Budget von 500 Euro auskam. Standard für erfolgreiche Kinofilme sind eher 5 bis 6 Millionen Euro, die beispielsweise der Kassenhit aus dem Jahr 2013 *Fack ju Göhte* gekostet haben soll. Die SPIO, die deutsche Spitzenorganisation der Filmwirtschaft, veröffentlicht jährlich die dazu verfügbaren Daten.

Im Vergleich dazu kostet ein durchschnittlicher Hollywood-Film um die 100 Millionen Dollar. Auch hier sind Abweichungen nach oben für die Blockbuster möglich. Diese kosten eher um die 300 Millionen Dollar, beispielsweise *Titanic* (1997), die *Spider-Man*-Filme (ab 2002) oder die *Piraten der Karibik*-Reihe (ab 2003). Actionfilme benötigen schon allein durch die Spezialeffekte und Computeranimationen ein großes Budget. Auf verschiedenen Webseiten von Filmfans findet man inflationsbereinigte Listen der teuersten Filme aller Zeiten. Je nachdem wie dies gerechnet wird, zählt auch der Klassiker *Cleopatra* mit Liz Taylor aus dem Jahr 1963 dazu. Aber natürlich werden in den USA auch Low-Budget-Filme gedreht, also Filme mit einem kleineren Kostenvolumen, und zwar von kleinen unabhängigen, also nicht zu den globalen Konzernen gehörenden Produktionsfirmen.

Der Weg zum Geld: Filmfinanzierung und Filmförderung

Ein Kinofilm erwirtschaftet nicht nur an der Kinokasse Umsatz, sondern auch durch den Verkauf und Verleih von DVDs und Videos, den Verkauf von Fernsehrechten und Lizenzen für Merchandising-Artikel. Schon bei der ersten Kalkulation berücksichtigen die Firmen den Wert des Verkaufs der sogenannten Nebenrechte (z. B. auf DVD oder via Internet).

Mit den Nebenrechten machen sie die eigentlich lukrativen Geschäfte. In Deutschland werden sogar zwei Drittel des

Abb. 2   Die Verwertungskette der »Herr der Ringe«-Trilogie, Deutschland

Deutscher Markt	1. Jahr			2. Jahr			3. Jahr		4. Jahr	5.+6. Jahr		
Kino	1	1		2	2		3	3				
DVD-/Video-Verleih			1			2		3				
Kauf-DVD/Video			1	1		2	2	3	3			
Kauf-DVD (Extended)				1			2	3				
Pay-per-View					1			2		3		
Pay-TV						1			2	3		
Free-TV									1	2		3
Monate	0	6	9	13	14	21	24	30	40	48	52	64

1 = Die Gefährten, 2 = Die zwei Türme, 3 = Die Rückkehr des Königs

Eigene Recherchen, veröffentlicht in Mikos, Eichner, Prommer, Wedel 2007, S. 58

Umsatzes mit dem Verkauf und Verleih von Filmen, sei es auf DVD, Blu-Ray oder als Datenstream, erzielt. Nicht miteingerechnet sind die Fernsehrechte, deren Höhe meist nicht veröffentlicht wird; man schätzt jedoch, dass sie ungefähr ein Viertel des Umsatzes ausmachen. Das meiste Geld stammt also nicht aus dem Ticket-Verkauf an der Kinokasse. So erwirtschaftete beispielsweise die *Herr der Ringe*-Trilogie noch einmal in etwa die gleiche Summe durch den Verkauf der DVDs und der verschiedenen Lizenzen für Spiele und Merchandising-Artikel, zu den an der Kinokasse eingespielten 2,9 Mrd. US-Dollar hinzu. Nach Angaben der Verleihfirma New Line Cinema ergab das zusätzliche Einnahmen von etwa drei Milliarden US-Dollar.

Die Filmwirtschaft nennt dies die Verwertungskette eines Films. Das ist die zeitliche Abfolge von Kino, DVD-/Blu-Ray-

Verleih und -Verkauf. Dazu zählen auch alle Video-/Internet-on-Demand-Dienste, außerdem Ausstrahlungen im Bezahl-fernsehen (wie Sky) und Free-TV (wie ARD oder RTL). Die ersten sechs Monate ist ein Kinofilm nur im Kino zu sehen, anschließend kommt er in den Verkauf und Verleih, zwölf Monate nach dem Kinostart kann er im Bezahlfernsehen ge-zeigt werden und in der Regel erst 24 Monate nach Kinostart im frei empfangbaren Fernsehen. In jedem Zeitfenster kann mit einem Film Geld verdient werden.

Zwar ist das sogenannte Kinofenster in Deutschland sechs Monate lang, aber das eigentliche Leben eines Films an der Kinokasse ist viel kürzer. In der Regel entscheidet das Start-wochenende über den zukünftigen Erfolg eines Films. Für den Verlauf der weiteren Auswertung spielt der Erfolg an der Kinokasse eine große Rolle: Je besser ein Film im Kino läuft, desto größer ist die Nachfrage nach DVDs, Blu-Rays und Streamings; es werden mehr Merchandising-Artikel verkauft und die Einschaltquote im Fernsehen ist entsprechend hoch.

Für deutsche Filme gilt: Nur wenige spielen zumindest ihre Produktionskosten an der Kinokasse ein. Da aber der Er-folg des Abverkaufs von DVDs von einem Erfolg im Kino ab-hängt, ist auch dieser Teil der Verwertungskette für deutsche Filme nicht mit großen Umsätzen verbunden. Eine Refinan-zierung der deutschen Filmindustrie alleine durch wirtschaft-liche Umsätze scheint schwer möglich zu sein.

Neben der wirtschaftlichen Filmfinanzierung existiert in Deutschland und in den meisten Ländern Europas eine Film-förderung. Filmförderung berücksichtigt den Doppelstatus, den der Film hat. Zum einen ist er ein kommerzielles Pro-dukt, das arbeitsteilig hergestellt und professionell vertrieben wird, zum anderen ist ein Film aber auch ein Kunstwerk und gehört zum Kulturgut eines Landes. So gibt es also eine kultu-relle Filmförderung auf der einen Seite. Auf der anderen Sei-te ist auch die Medienindustrie – als Kulturindustrie – förde-rungswürdig, weil sie sehr viele Arbeitsplätze bietet. Deshalb spielen bei der Filmförderung sowohl künstlerische als auch wirtschaftliche Aspekte wie Besucherpotenziale eine Rolle. Manche Filme werden sich niemals an der Kinokasse rechnen, zählen aber zum Kulturgut eines Landes. Filmförderung ist in dem Sinne eine Kulturförderung, ohne die beispielsweise auch Opernhäuser und Theater ihren Betrieb kaum aufrechterhalten könnten. Derzeit besteht deutschlandweit ein Fördervolumen von 350 Millionen Euro, alle Landesförderungen und die Bundesförderung zusammengerechnet. Beachtenswert ist hier, dass davon nur 80 Millionen Euro direkt aus Steuermitteln stammen. Die anderen Mittel für Filmförderung kommen zum Teil aus dem Verkauf der Kinokarten und den Abgaben der Fernsehveranstalter. Mit diesen Geldern entstehen die meisten der jährlich 200 Filme, die in Deutschland produziert werden. Die Summe entspricht ungefähr der Förderung von vier Opernhäusern. Zum Vergleich: Die Münchner Staatsoper hat einen Jahresetat von 80 bis 90 Millionen Euro; die Berliner Opernhäuser erhalten allein vom Berliner Senat ungefähr 120 Millionen Euro pro Jahr.

Wie entsteht ein Film?

Der international wichtigste Filmpreis, der Oscar, wird als Academy Awards von der Academy of Motion Picture Arts and Science seit 1929 verliehen. Die bis zu 25 Kategorien, die der Oscar ehrt, illustrieren die Komplexität des Filmherstellungsprozesses gut. Einteilen lässt sich die Filmproduktion in die Vorbereitungsphase (Pre-Produktionsphase), die Produktionsphase oder Drehphase und die Post-Produktionsphase, also Fertigungsphase. Die im Folgenden beschriebene eher starre und hierarchische Arbeitsteilung betrifft vor allem Hollywoodproduktionen und Filme mit großem Budget; bei Autorenfilmen und Filmen mit kleinen Budgets fließen in der Regel viele Positionen ineinander über und werden von der gleichen Person übernommen. An der Filmproduktion können zwischen 200 und einer Person beteiligt sein, je nachdem, um was für einen Film es sich handelt. Aber der Prozess der Filmherstellung ist immer annähernd gleich. Die Funktionen haben unterschiedlichen Einfluss und Bedeutung. Above-the-Line-Funktionen sind diejenigen Berufe in der Filmproduktion, die im Vorspann eines Films genannt werden, also Produzenten, Regisseure, Drehbuchautoren und Kameramänner. Above-the-Line-Funktionen haben zumeist Männer inne. Below-the-Line arbeiten die jeweiligen – meist weiblichen – Assistenten dieser Funktionen, die Continuity, die Regie-Assistenz oder die Casterinnen. Nur 15 bis 20 Prozent der Projekte haben weibliche Regisseure. So schloss sich im Sommer 2014 eine Gruppe von Regisseurinnen zusammen, um – ähnlich wie die Journalistinnen bei Pro-Quote – darauf hinzuweisen, dass bei der Vergabe von Fördermitteln Projekte mit weiblichen Regisseuren dramatisch unterrepräsentiert sind. Obwohl Frauen fast die Hälfte der Absolventen von Filmhochschulen ausmachen, erhalten sie nur zehn Prozent der Fördermittel. Zu den namhaften Unterzeichnerinnen der Petition für eine geschlechterausgewogene Filmförderung gehören z. B. Doris Dörrie und Connie Walther.

In der Pre-Produktionsphase werden alle Vorbereitungen für den Filmdreh getroffen. Zunächst braucht man eine Idee, eine Story. Die kommt oft von einem Drehbuchautor. Mit der Idee, die in einem Exposé auf wenigen Seiten dargestellt wird, sucht der Drehbuchautor einen Produzenten. Kann er einen Produzenten oder eine Produktionsfirma begeistern, dann vergibt der Produzent den Auftrag, das Drehbuch zu schreiben. Ein Drehbuch unterscheidet sich von anderen Büchern darin, dass die Handlung in Dialogform dargestellt wird und es daneben schon Hinweise auf Drehort, Tageszeit, Mimik der Figuren und so weiter enthält. Die Aufgabe des Filmproduzenten ist es nun, für eine Finanzierung des Projektes zu sorgen, einen Regisseur zu finden und den Dreh zu organisieren.

Da die wirtschaftliche Verantwortung und somit auch das finanzielle Risiko beim Produzenten liegen, hat dieser bzw. die Produktionsgesellschaft, für die er arbeitet, das letzte Wort und profitiert von den möglichen Gewinnen, die ein Film abwirft. Dies zeigt sich unter anderem daran, dass der Oscar für den besten Film die Produzenten dieses Films auszeichnet und nicht die Regie.

Ist das Drehbuch abgenommen, das heißt sind Filmproduzent und Regie damit zufrieden, kommen die restlichen Mitglieder des Teams dazu: Die Schauspieler werden ausgesucht (gecastet); der Kameramann plant mit seinem Team die Filmeinstellungen/Bilder und organisiert die Technik; die Ausstattung näht die Kostüme und die Szenographen bauen die Bühnenbilder. Auch für Drehbuch, Kamera, Szenografie und Kostüme werden Oscars verliehen. Die Herstellungsleitung und der Produktionsleiter erstellen einen Drehplan. Dieser Plan ist wichtig, da die Dreharbeiten nicht chronologisch dem Buch folgen, sondern alles, was am gleichen Drehort, am gleichen Bühnenbild oder Schauplatz stattfindet, wird an einem Stück gedreht. Dies kann erzählerisch sowohl am Ende des Films, in der Mitte als auch am Anfang sein.

An einem Filmdreh sind bis zu 50, manchmal über 100 Personen beteiligt. Neben Schauspielerinnen und Schauspielern, Regie und Produktionsleitung braucht man noch Kamera, Licht, Ton. Alle diese Funktionen haben Assistentinnen. Außerdem muss fürs Essen gesorgt werden; das macht das Catering (ohne Oscar); den Drehort sperren Hilfs- und Security-Kräften ab; die Schauspieler brauchen Make-up, das macht die Maske. Eine Funktion, bei der oft auffällt, wenn die Person ihren Job nicht gut gemacht hat, ist die Continuity, das bedeutet so viel wie »Anschlusskontrolleur«. Die Continuity muss darauf achten, dass die Anschlüsse, also die Übergänge im Film stimmen. Hält zum Beispiel ein Schauspieler in einer Szene den Kaffee zunächst in der linken Hand, und in der nächsten Einstellung ist der Kaffee plötzlich in der rechten

Hand – hat die Continuity hier nicht aufgepasst. Im Internet listen Fans gern Anschlussfehler in Filmen auf.

Oscars werden vergeben für die besten Schauspielerinnen und Schauspieler (sowohl in Haupt- als auch in Nebenrollen), für die beste Kamera, beste Regie, bestes Make-up und Hairstyling. Auch wenn die Filmpreisverleihungen davon leben, dass Schauspielstars in Designer-Roben unter Blitzlichtgewitter über den roten Teppich gehen, muss man sich immer wieder klarmachen, dass nur einer kleiner Anteil der Schauspieler gutes Geld verdienen und die meisten Designer-Roben nur geliehen sind. So können laut Schauspielerverband von den 5000 gemeldeten deutschen Schauspielern nur zwei Prozent von ihren Filmrollen leben, und nur ganz wenige unter ihnen kommen auf ein Jahreseinkommen von mehr als 100 000 Euro.

In der Post-Produktionsphase schneidet man aus den vielen Stunden Filmmaterial einen ca. 90-minütigen Film. Zu Zeiten von Zelluloid, einem teuren Material, war ein Drehverhältnis von 1:4 üblich, inzwischen kann es sein, dass aus 900 Minuten Material ein 90-minütiger Film entstehen muss. Den Filmschnitt übernimmt eine Cutterin. Auch wenn Filme heute nicht mehr aus Zelluloid »geschnitten« werden, sondern man am Computer editiert, nennt man die Position immer noch Filmschnitt. Im Schnitt werden die einzelnen Szenen montiert, sodass eine Geschichte entsteht; man nennt es deshalb auch Filmmontage. Diese Arbeit läuft in enger Kooperation mit der Regie ab. Zeitgleich mit dem Schnitt fertigen andere Teams die Computeranimationen an, falls so etwas in dem Film vorkommt. Diese sind oft sehr aufwändig und erfordern viel Zeit. Je nach Film sind viele oder wenige Special Effects nötig. Ist ein Film montiert, kommt der Ton hinzu. Auch hier bestehen mehrere Varianten: Es gibt den Originalton, z. B. die Gespräche der Schauspieler, dazu kommen Töne wie Autotüren, die zugeschlagen werden, oder andere Hintergrundgeräusche. Ist der Ton fertig, fügt man die Filmmusik hinzu. Für Schnitt, Special Effects, Ton und Musik erhalten die Verantwortlichen jeweils unterschiedliche Oscars.

Üblicherweise vergehen 24 bis 36 Monate, bis aus einem Drehbuch ein fertiger Film entstanden ist. Die eigentliche Drehzeit, ungefähr 30 Tage bei einem 90-minütigem Film, ist dabei der kürzeste Zeitraum. Bei kleineren Produktionen und beim sogenannten Independent- oder Autorenfilm liegen Drehbuch, Regie und manchmal sogar auch die Produktion in einer Hand. Viele der deutschen Regisseure, wie etwa Doris Dörrie, schreiben ihre Drehbücher selbst. Ist der Film fertig, übernimmt der Filmverleih die weiteren Aufgaben.

Filmverleih: der Weg ins Kino

Jährlich zeigen die Kinos in Deutschland über 500 Spielfilme. Diese bringen die Filmverleiher in die Kinos. Der Filmverleih übernimmt die Werbung, die Pressearbeit, veranstaltet die Filmpremiere und organisiert die Lieferung der Filme in die Kinos. Früher waren es Filmrollen in großen runden Blechdosen, heute sind es digitale Festplatten, die in die Kinos gelangen. Alle Kosten, die damit verbunden sind, einen Film auf die Kinoleinwand zu bringen, nennt man Herausbringungskosten. In Hollywood gilt als Regel, dass ungefähr genauso viel Geld in die Vermarktung wie in die Produktion fließen sollte.

Hier kommt die strategische Kompetenz des Filmverleihs ins Spiel. Filmverleiher müssen abschätzen, welchen Erfolg ein Film wahrscheinlich haben wird. Danach wird die Vermarktungsstrategie festgelegt. Wichtigste Entscheidung ist hier, mit wie vielen Kopien ein Film ins Kino kommt. In Deutschland liegen die Herausbringungskosten für einen Film ungefähr bei 1500 Euro pro Filmkopie. Das bedeutet: Wenn ein Film in 1000 Kinos gleichzeitig herauskommen soll, entstehen schon Kosten von 1,5 Millionen Euro, nur um den Film auf die Leinwand zu bringen. Zwar hat die Digitalisierung der Kinos dazu geführt, dass nun Festplatten geliefert werden, aber an den Kosten hat dies nichts geändert. Die meisten Blockbuster erscheinen in Deutschland mit 600 bis 800 Kopien. Dahinter steht der Gedanke, dass jeder Kinobesucher in Deutschland einen Film möglichst am ersten Startwochenende sehen soll.

Am deutschen Kinomarkt dominieren die US-Verleiher, in der Regel als hundertprozentige Tochterfirmen, also die deutschen Arme von Warner, Disney oder Universal. Je nach Jahr werden 65 bis 75 Prozent des Umsatzes mit amerikanischen Filmen erzielt. Deutsche Filmverleiher sind *Senator* oder *Constantin* sowie *X-Verleih,* die insgesamt nur 6 bis 8 Prozent Marktanteil haben. Zu den Aufgaben der deutschen US-Verleiher gehört auch die Synchronisation der Filme.

Die Kinos in Deutschland haben inzwischen fast vollständig auf die digitale Projektion umgestellt. Bis auf wenige Einzelfälle sind also alle Leinwände in Deutschland digitalisiert. Das bedeutet, die Filme werden im Kino nicht mehr als Filmstreifen von der Filmrolle gezeigt, sondern von Festplatten im Vorführapparat, der nun ein Computer ist, eingelesen. Die Hoffnung, dass der Filmvertrieb mit der Umstellung auf digitale Vorführung billiger und flexibler würde, hat sich bisher nicht bewahrheitet. So sollten die Preise der Filmkopie sinken, aber letztlich blieben die Kosten auch für die Virtuelle Kopie (VP, Virtual Print) aufgrund verschiedener Gebühren gleich. So besteht also nach wie vor eine Limitierung an Kopien, die eine Flexibilisierung in der Planung verhindert.

In Deutschland gibt es derzeit etwas über 1600 Kinos bzw. Filmtheater mit insgesamt 4600 Leinwänden. Diese Zahl ist in den letzten Jahren stabil geblieben. Bei Kinos unterscheidet man grundsätzlich zwei Formen: Multiplex- bzw. Mainstream-Kinos und Programmkinos. Erstere haben überwiegend US-Blockbuster im Programm. Und wenn einmal ein einheimischer Film läuft, dann ist es ein Till-Schweiger-Film oder ein anderer deutscher Hit. Diese Kinos machen etwa

90 % aller Filmspielstätten aus. In fast allen deutschen Städten finden sich ein bis zwei Multiplexe, die meistens zu einer größeren Kinokette gehören, wie Cinemax oder Cinestar, UCI. Nur wenige deutsche Städte, abgesehen von Großstädten und Universitätsstädten, verfügen über Kinos, die ein anderes Programm zeigen: die Programm- oder Arthaus-Kinos. Unabhängig davon, wie die Debatte um Film als Kunst oder Wirtschaftsgut bewertet wird, gibt es in Deutschland diese Kinoform, die sich unbestritten der Filmkunst widmet. In Programm- oder Arthaus-Kinos (diese Begriffe werden hier synonym verwendet) laufen anspruchsvolle Filme, wie kleinere amerikanische Produktionen, Filme aus dem europäischen Ausland und häufig kleinere deutsche Produktionen. Die Programmkinos machen etwa 10 Prozent des Gesamtumsatzes des Kinomarktes aus. Im Jahr 2012 lag der Gesamtumsatz etwa bei 1 Milliarde Euro, davon wurden 113 Millionen Euro in den Programmkinos umgesetzt.

Neuster Trend sind Luxuskinos, die, wie das Astor in Berlin, an die alten Filmpaläste erinnern. Die Sitzreihen sind breiter und bequemer, es werden Snacks und Getränke serviert. Mit einem anspruchsvollen Programm, das sich an ein älteres, zahlungskräftiges Publikum wendet, und dem besseren Service sind sie erfolgreich.

Eine andere Möglichkeit, anspruchsvolle Filme zu sehen, bieten die vielen Filmfestivals in Deutschland. Neben der Berlinale, einem Festival, das einen international renommierten Preis verleiht, gibt es zahlreiche Filmfestivals für fast jedes Spezialgebiet. So die Filmfeste in München, Hamburg, Braunschweig; das Horrorfilmfestival, die Feminale in Dortmund und Köln; die Festivals für Nachwuchsfilme, für Queerfilme, für Bollywoodfilme und viele mehr. A-Filmfestivals sind Filmfestivals, die ein internationales Programm haben und vom internationalen Verband der Filmproduzenten akkreditiert sind. Diese Festivals vergeben in der Regel Filmpreise wie den Goldenen Bären in Berlin, den Goldenen Löwen von Venedig oder die Goldene Palme in Cannes. Einen Film auf einem dieser Festivals zu zeigen, bedeutet für die Filmemacher nicht nur Renommee, sondern bietet ihnen auch die Möglichkeit, Kontakte zu knüpfen und ihre Filme in andere Länder zu verkaufen. Außerdem sind mit der Auszeichnung oft auch konkrete Preisgelder verbunden.

Fazit

Bis ein Film den Weg zum Publikum findet, sind viele Schritte notwendig und viele Personen involviert. Nicht alle, die für die Filmindustrie arbeiten, können am Glanz der Filmpreise und Premieren teilhaben. Neben den Schauspielern, Regisseuren und Produzenten ist eine Heerschar an unsichtbaren Personen in der Filmindustrie beschäftigt. Das reicht vom Kartenabreißer und Popkornverkäufer bis zur Regieassistentin und Disponentin beim Filmverleih. Von der Vielzahl an produzierten Filmen ist nur ein kleiner Teil ökonomisch wirklich erfolgreich. Filmproduktion kann daher als Hochrisikogeschäft bezeichnet werden. In Deutschland würden ohne die Filmförderung nur wenige Genres von Filmen entstehen.

5. Filmtheorie und Filmanalyse

Dieser Abschnitt beschreibt die Methoden, mit denen man die Filmbilder, die Montage, den Ton, die Geschichte, die Narration und Dramaturgie analysiert. Die Filmtheorie liefert dazu den Blickwinkel und Interpretationsrahmen. In der Filmtheorie gelten Filme meist als Kunstwerke, und man analysiert sie dementsprechend. Die zentrale Frage ist jedoch, ob ein Film ein Kunstwerk ist oder ob es sich bei Film um ein Abbild der Wirklichkeit handelt.

So alt wie das Medium Film ist die Frage, was diese bewegten Bilder eigentlich sind: Handelt es sich beim Film um bewegte Fotografien, ist er eine Form von Kunstwerk oder gar ein neues Medium? Schon die frühen Theoretiker wollten wissen, wie die Wirkkraft der Bilder entsteht und wie diese analysiert werden sollte. Das »Wesen« des Films galt es zu ergründen. Letztlich stellte sich die Frage: »Was ist Film?«, wie es der französische Filmtheoretiker Bazin in den 1950er Jahren formulierte. Die Faszination, die das neue Medium Film ausübte, inspirierte Autoren verschiedenster Fachrichtungen, wie Literaturwissenschaft, Kunstgeschichte, Psychologie oder Philosophie, zu ihren Analysen.

Die Frage, aus welcher Perspektive man sich dem Phänomen »Film« nähert, ist insofern wichtig, als die Perspektive die Methoden und Instrumente der Analyse bestimmt. So ist den meisten Filmtheorien und filmanalytischen Zugängen zu eigen, dass sie Film nicht als Massenmedium betrachten, sondern als Kunstform. Eine Betrachtung als Massenmedium würde bedeuteten, dass ein Film ein Kommunikationsinhalt wäre, der auf ein Publikum trifft und erst beim Betrachten die Emotionen und Wirkungen auslöst. Somit müsste immer das Publikum und seine Wahrnehmung berücksichtigt werden. Die meisten Filmtheorien aber rücken den Film als singuläres Kunstwerk in das Zentrum der Analyse. Das bedeutet, der Film, seine Geschichte, die einzelnen Szenen und Einstellungen, die Kameraarbeit, aber auch die Musik werden analysiert wie ein Kunstwerk. Der »Auteur«, also der Künstler, hatte dieses Werk verfasst, und es gilt seine Intention zu analysieren. Man erkennt diesen Zugang an der Sprache, die häufig verwendet wird, um Filme zu analysieren. In der Filmsemiotik, einer Theorierichtung, die stark von der Literatur- und Sprachwissenschaft beeinflusst ist, wird beispielsweise von einem Film als »Text« gesprochen. Andere Theoretiker stehen der Psychoanalyse nahe und argumentieren mit Begriffen wie »gaze« (dt. der Blick), um das tranceartige Eintauchen in die Filmwelt bei der Betrachtung zu beschreiben.

Filmtheorien – ein Überblick

Was ist nun Film? Ist Film Bewegung oder sind es einzelne Einstellungen? Besteht ein Film aus einer Erzählung oder aus einer Summe von Bildern? Geht es um Räume oder Zeit? Ist Film ein kommerzielles Unterhaltungsprodukt oder ein Kunstwerk? Bildet Film die Wirklichkeit ab, oder konstruiert Film eine neue Wirklichkeit? All diesen Fragen gingen schon die frühen Theoretiker bei der Erfindung des Films nach. Die Hoch-Zeit der Filmtheorie begann aber in den goldenen 1920er Jahren. Zu den deutschsprachigen Filmtheoretikern dieser Zeit zählen, Béla Balázs, Rudolf Arnheim, Siegfried Kracauer, aber auch Bertolt Brecht. Einige betonten Rolle und Funktion der Kamera, also welchen Blick die Kamera stellvertretend für den Zuschauer einnimmt und wie sich Film (damit) vom Theater unterscheidet. Andere arbeiteten schon früh wahrnehmungspsychologisch oder psychoanalytisch. Untersucht wurde, welche Gestaltungselemente wie auf das Publikum wirken. Auch die Frage, ob Film die Wirklichkeit abbildet oder eine neue Wirklichkeit, die Filmwirklichkeit schafft, wurde ausführlich diskutiert.

Aber erst nach dem Zweiten Weltkrieg etablierte sich Filmtheorie als eine Denkrichtung, was sich an der Einführung von filmwissenschaftlichen Studiengängen an den anglo-amerikanischen und europäischen Universitäten zeigte. Von einer Institutionalisierung kann man etwa seit den 1970er Jahren sprechen. Fast an jeder Universität kann man sich nun theoretisch mit Film auseinandersetzen und Film studieren. Die Literatur über Filmtheorie oder Filmgeschichte füllt meterweise Regale in den Bibliotheken.

In den 1960er und 1970er Jahren bestimmten vor allem französische Autoren um die Zeitschrift *Cahier du Cinéma,* unter anderem André Bazin, François Truffaut, Jean-Luc Godard und Claude Chabrol, den Diskurs. In Frankreich ist übrigens die Frage, ob Film Kunst oder ein kommerzielles Unterhaltungsprodukt ist, beantwortet: Als »siebte Kunst« steht er neben Architektur, Bildhauerei, Malerei, Tanz, Musik und Dichtung unter staatlichem Schutz.

Neben der Frage, ob ein Film als Kunstwerk betrachtet werden sollte, steht für viele Theoretiker nach wie vor die Frage im Zentrum ob es sich bei Film um ein Abbild der Wirklichkeit handelt. Die Realisten unter den Filmtheoretikern gehen davon aus, dass Film die Wirklichkeit abbildet und auch abbilden sollte und damit realistisch ist. Die Formalisten hingegen betrachten Film als Kunst, gerade weil er eben nicht das tägliche Leben zeigt. Film ist für sie nicht die Reproduktion von Wirklichkeit, sondern eher eine Übersetzung von realistischen Elementen in ein fiktionales Medium.

Die Formalisten und Realisten unter den Filmtheoretikern unterscheiden sich also dahin gehend, dass die einen Film als ein ästhetisches Konstrukt, als Bildkunst, sehen und die anderen als Abbild der Wirklichkeit. Die Formalisten beschäftigen sich dementsprechend mit den formalen bzw. ästhetischen Aspekten von Film, also Licht, Musik, Ausstattung, Farbgebung, Schnitt usw. Die meisten aktuellen Filmtheoretiker gehören zu den Formalisten oder neuen Formalisten, den Neoformalisten.

Einige Theoretiker werden von der Psychologie inspiriert, meistens auf Grundlage einer marxistischen Gesellschaftstheorie. Eine psychoanalytische Filmtheorie untersucht Filme zwar aus der Sichtweise der Zuschauer, interpretiert aber die potenzielle Rezeption im Sinne der und vor allem mit dem Vokabular der Psychoanalyse. Demnach wird das Publikum, das einen Film betrachtet, durch die Bildästhetik und die filmtechnischen Mittel (wie Montage) sowie die kinospezifische Rezeptionssituation in den Bann gezogen. Voyeurismus und die Identifikation mit dem Star treten als Rezeptionsmechanismen und Wirkungen auf. Oft wird von einem »gaze«, also einer fast traum- oder tranceartigen Lust bei der Rezeption, gesprochen. Wir wählen demnach bestimmte Filme aus, die unsere inneren unbewussten Probleme aufgreifen oder lösen. Aus der marxistischen Perspektive unterstützt und festigt dabei Film die kapitalistische Machtstruktur.

Die Filmsemiotik untersucht Film anhand der Filmsprache. Für Anhänger dieser Theorie sind die einzelnen Einstellungen die wichtigsten Elemente. So wie man einen Text in seine Satzstruktur und Grammatik unterteilen kann, wird ein Film in seine Einzelteile (Szenen) zerlegt und analysiert.

Damit grenzen sich die beiden letztgenannten Theorierichtungen von denen ab, die sich eher die Frage stellen, inwieweit

Film Realität ist oder nur abgebildete Realität. Kritisiert wird an ihnen die Überbewertung der Filmsprache (Filmsemiotik) und die damit verbundene Suche nach der inneren Aussage (Psychoanalyse), die einem Filmkunstwerk innewohnt. Kurz gesagt: Hier werde zu viel hineininterpretiert.

Die größte Aufmerksamkeit bei der Filminterpretation galt bisher den ästhetischen Merkmalen der Filme und der wahrscheinlichen Intention der Filmemacher. Kaum beachtet wurde, wie Filme hergestellt, wie sie rezipiert werden und ob die Filme, die die Filmtheorie untersucht, überhaupt ein Publikum finden. Dies hat sich seit den 1990er Jahren geändert. Die derzeitige Strömung der Filmtheorie und Filmanalyse bezieht die Produktionsbedingungen und vor allem das Publikum mit ein. Es wird häufiger auch aus der Perspektive der Kinobesucher analysiert. Die Fragen sind nun: Was bewirkt ein Film? In welchem Kontext steht er? Wie wird er diskutiert? Dabei werden die soziale Einbettung der Zuschauer und vor allem ihre Seherfahrungen, ihr Wissen um Genre und andere Medieninhalte immer mit in Betracht gezogen. Damit findet auch eine Abgrenzung vom elitären Denken, das Film als Kunst positioniert, statt. Film ist nun in erster Linie ein populäres Unterhaltungsmedium, das von einem Publikum rezipiert wird. Wie die Zuschauer einen Film betrachten und was sie in ihm sehen, wird beeinflusst von Faktoren wie Geschlecht, Bildung oder sozialer Schichtzugehörigkeit. Eine Zuschauerin interpretiert einen Film demnach immer in Bezug auf ihre eigene Lebenserfahrung und soziale Situation.

Im anglo-amerikanischen Raum stehen für diesen Ansatz die Filmwissenschaftler Kristin Thompson und David Bordwell. Im deutschsprachigen Raum hat beispielsweise der Fernsehwissenschaftler Lothar Mikos ein Lehrbuch verfasst, das dazu anleiten will, bei der Filmanalyse das Publikum, seine Sehweisen und Sehgewohnheiten einzubeziehen. Diese Richtung nennt sich rezeptionsästhetische Filmanalyse. Mit diesem Ansatz werden oft populäre Filme analysiert, die ein großes Publikum erreicht haben. So will man beispielsweise eine Antwort auf die Frage finden, was einen Blockbuster ausmacht. Kommt ein Film beim Publikum deshalb so gut an und wird zum Blockbuster, weil viel Geld in die Vermarktung fließt, wie oft vermutet wird? Welche Strukturen sind Blockbustern gemeinsam, damit sie erfolgreich sind? Ein anderes Phänomen, mit dem sich diese moderne Filmtheorie beschäftigt, ist der Star. Welche Rolle spielen Stars und die Inszenierung von Stars?

Filmanalyse

Unabhängig davon, ob es sich bei einem Film um ein Kunstwerk handelt oder um ein Abbild der Wirklichkeit, um einen medialen Inhalt, der erst bei der Rezeption entsteht, oder um ein populäres Unterhaltungsprodukt, stellt sich die Frage, wie man Film analysieren und untersuchen kann. Untersucht man Filme als singuläres Kunstwerk, oder setzt man sie in Bezug zu den gesellschaftlichen Rahmenbedingungen, in denen sie entstanden sind? Die Filmanalyse hat eine eigene Sprache entwickelt, um formale Bildmerkmale zu beschreiben, die Einstellungen, die Art, wie die Schauspieler in Szene gesetzt werden, aber auch was dieses beim Publikum bewirkt. Auch für den gesamtheitlichen Blick auf Film, der die Herstellung und die Rezeption durch das Publikum gleichermaßen berücksichtigt, braucht es eigene Instrumentarien und Definitionen, die eng mit der Produktion und dem Dreh von Filmen zusammenhängen. Die folgende kurze Einführung in die rezeptionsästhetische Filmanalyse lehnt sich an das Lehrbuch von Lothar Mikos (2008) an, das für die vertiefende Lektüre empfohlen wird.

Kamera, Schnitt, Licht und Ton:
die Ästhetik des Films

Das Besondere an Film sind die bewegten Bilder und wie aus ihnen bei der Betrachtung eine Geschichte entsteht. Deshalb achtet man bei der Filmanalyse darauf, wie und aus welchem Blickwinkel uns etwas gezeigt wird. Erleben wir die Geschichte aus der Gegenwart heraus mit Rückblenden in die Vergangenheit, oder haben wir das Gefühl, gleichzeitig an verschiedenen Orten zu sein? All dies kann mit der Kamera, den Einstellungen und dem Schnitt bei uns erzeugt werden. Diese Mittel steuern unseren Blick und damit die Wahrnehmung des Films. Lenkt die Kamera zum Beispiel unseren Blick auf ein Detail im Hintergrund, wissen wir, dass dieses Detail später wichtig sein wird.

Dabei wird uns Zuschauern nicht die gesamte Handlung der Geschichte in linearer, zeitlicher Abfolge gezeigt, das würde uns langweilen. Uns reichen einzelne Szenen, um einen Film und seine Story zu erschließen. Um die Geschichte und Handlung eines Films zu beschreiben, verwendet man die Begriffe *Plot* und *Story*. Sie beschreiben den sichtbaren und unsichtbaren Inhalt eines Films. Dabei steht der Fachbegriff Plot für den tatsächlich gefilmten Inhalt des Films, während Story schon die Rezeption des Publikums miteinschließt, das Wissen der Zuschauer und seine Emotionen. So ist der Plot das, was filmisch zu sehen ist, also der zeitliche Verlauf der Erzählung. Hier kann es vorkommen, dass der Film Handlungsteile ausspart, da die Zuschauer diese selbst erschließen können. Es reicht uns Zuschauern beispielsweise aus, dass eine Person in einer Szene in ein Auto steigt und in der folgenden Szene in einem Wohnzimmer sitzt, um daraus zu schließen, dass hier jemand mit dem Auto an einen anderen Ort gefahren ist. Die Fahrt muss man uns nicht zeigen, dies erschließen wir selber. So geht es den Zuschauern aber auch mit vielen anderen komplexen Erzählaspekten eines

Films. Nicht alles muss explizit gezeigt werden, um von uns zur Story erschlossen zu werden. So kann Film auch Raum und Zeit überwinden.

Ästhetische Mittel wie Kamera, Licht, Montage und Schnitt, Ausstattung, Ton, Musik und Spezialeffekte erzeugen die Story für die Zuschauer. Die Kamera bestimmt, was wir als Zuschauer später im Kino oder auf einem anderen Bildschirm, wie dem Handy, sehen können. Die Kamera lenkt unseren Blick. Sie setzt den Rahmen der Wirklichkeit und bestimmt, was gezeigt wird. Die Kamera »positioniert« den Zuschauer. Mithilfe der Montage wird dann aus den Einzelbildern/Szenen ein Film.

Den Bildausschnitt, den wir zu sehen bekommen, nennt die Fachsprache *Kadrage.* Sie legt den Rahmen des Bildes fest, also das, was im Bild zu sehen ist – und was außerhalb unseres Blickfeldes bleibt. So wie der Bildausschnitt bestimmt, was wir zu sehen bekommen und was nicht, bestimmen die Einstellungsgrößen Nähe und Distanz zum Gesehenen.

Wird in einer *Totalen* oder *Supertotalen* gefilmt, dann sind wir als Zuschauer weit weg vom Geschehen und können einen Überblick bekommen. Ganz nah und detailreich sind Einstellungen wie *Close-up* oder sogar *Extreme Close-up.* In seinem Buch »Film- und Fernsehanalyse« zeigt Lothar Mikos (2008) am Beispiel von *Titanic* (1997) mit Screenshots, wie die unterschiedlichen Einstellungen verwendet werden.

Um die Weite des Meeres zu verdeutlichen und wie klein das Schiff im Verhältnis dazu ist, wird mit einer weiten *Panorama*-Einstellung nur das Schiff (klein) im weiten Meer ohne Begrenzungen durch Küste gezeigt. Darauf folgt eine *Totale,* in der nur das Schiff als Ganzes zu sehen ist und die uns den Handlungsort des Films (das Schiff) zeigt. Durch eine *Halbtotale,* hier werden die Menschen von Kopf bis Fuß gezeigt, lernen wir die Figuren des Films kennen. Mit der *Amerikanischen Einstellung* sehen wir sie deutlicher, bis eine *Nahaufnahme* uns auch ihre Mimik erkennen lässt. Zwar wissen wir bei *Nah-/Großaufnahmen* nicht mehr, wohin die Figur blickt, aber wir erkennen ihre Emotionen und können diese miterleben.

Dieses Beispiel zeigt, wie die Einstellungsgrößen uns unterschiedliche Aspekte einer Handlung näherbringen. Auch die Perspektive, mit der die Kamera auf die Figuren blickt, lässt uns Unterschiedliches wahrnehmen. Blickt eine Kamera von oben auf Figuren, dann wirken diese kleiner und schwächer, während ein Blick von unten die Figur mächtiger wirken lässt.

Im Laufe der Filmgeschichte wurde die Kamera dynamisch, das heißt, Bewegung im Film wurde auch gezeigt. Bei Kamerafahrten begleitet die Kamera das Geschehen parallel, Zooms und Schwenks lenken unseren Blick entweder weg oder fokussieren ihn stärker.

Die Arbeit der Kamera und – überwiegend – des Kameramannes ist nicht zufällig, alle Einstellungsgrößen, alle Schwenks müssen vorgeplant und im Detail vorher ausgearbeitet sein. Legendär ist die Arbeit Alfred Hitchcocks, der durch *Storyboards,* also gezeichnete Szenen, die Haltung und Einstellung der Kamera genau vorab festlegte. Diese Planung ist wichtig, da mit der Kamera und den unterschiedlichen Einstellungen das Licht *gesetzt* werden muss. Es spielt eine Rolle, von wo das Licht kommt, ob es einen Schatten oder keinen Schatten werfen soll, ob es hell, dunkel oder halbdunkel ist usw. Mithilfe des Lichts entsteht für uns Zuschauer auch erst das Gefühl der Dreidimensionalität von Filmen. Auch für die verschiedenen Arten von Licht hat sich ein Fachjargon entwickelt.

Normalstil orientiert sich an den alltäglichen Sehgewohnheiten, hell und dunkel sind ausgewogen. *Low-Key* erinnert an die Gangsterfilme der 1930er Jahre, in denen es düster und dunkel zugeht. High-Key ist oft das Licht von hellen, heiteren Komödien. Licht beeinflusst die Stimmungslage einzelner Szenen oder eines ganzen Films.

Schnitt und Montage

Die Verknüpfung der einzelnen kurzen Szenen und Einstellungen durch Schnitt und Montage macht erst aus gefilmten Sequenzen einen Film. Wir wissen, dass Filme keine abgefilmten Theaterstücke sind. In Filmen sehen wir Gesichter nah, Kameraeinstellungen zeigen uns die Mimik *(Close-up)* verschiedener Personen in der gleichen Szene, durch Rückblenden können wir etwas über die Vorgeschichte erfahren, eine Traumsequenz kann eingeblendet werden und vieles mehr. Erst durch das Zusammenfügen der einzelnen Bilder entstehen Bewegung und Erzählung eines Films. Eine bestimmte Zusammenstellung der Bilder ruft bestimme Reaktionen beim Publikum hervor. Durch filmische Experimente aus den 1920er Jahren wissen wir, dass je nach Montage von Bildern unterschiedliche Stimmung erzeugt werden kann. In diesem Experiment, man kennt es als den »Kuleschow-Effekt«, wurde einem Publikum immer die gleiche Aufnahme vom Gesichts eines Mannes in unterschiedlichen Kombinationen mit anderen Bildern gezeigt. Kombinierte man den Mann vorab mit einem Bild eines leeren Tellers, so erschien er den Befragten hungrig. Zeigte man vorher ein junges Mädchen, so meinten die Befragten, er sei glücklich. Zeigte man einen Sarg, so nahm man an, er sei unglücklich. Dieses kleine Beispiel veranschaulicht die Kraft der Montage der Bilder, denn erst durch die Montage entsteht aus dem Rohmaterial die Filmwirklichkeit. Unterschieden wird dabei in verschiedene Schnitt- und Montagearten, dies können *harte Schnitte* sein, *Auf-/Abblenden, Überblendungen* oder *Trickblenden*. Während die harten Schnitte einfache Wechsel der Bilder sind, wird bei der Auf- oder Abblende das Bild heller oder dunkler, bis das neue Bild erscheint. Bei Trick- oder Überblendungen gehen die neuen Szenen in die alten über. Beachtet werden muss, welche Beziehung die Bilder durch die Montage zueinander bekommen. Das kann ästhetisch sein, räumlich oder zeitlich und rhythmisch. Rhythmik und Dynamik der Schnitte hängen oft mit dem Filmgenre zusammen. So sind Actionfilme schneller geschnitten, um z. B. die Dynamik einer Verfolgungsjagd zu zeigen. Spannung wird erzeugt durch Langsamkeit. Zeitliche Kontinuität kann durch Montage aufgelöst werden, durch Parallel-Montage können wir erfahren, was gleichzeitig in anderen Handlungssträngen des Films geschieht: Während in der einen Einstellung eine Familie ein harmonisches Weihnachtsfest feiert, sitzt in der anderen Einstellung eine andere Filmfigur allein vor dem Fernseher. Neben der Zeit wird damit auch der Raum aufgelöst. Wir können erfahren, was gleichzeitig an verschiedenen Orten passiert. Durch Schnitt und Montage entsteht die Filmzeit, die der realen Lebenszeit nicht entsprechen muss. In Filmen können wir Jahrzehnte in 90 Minuten erleben. Stimmen Film- und Lebenszeit doch einmal überein, dann ist es vielleicht eine künstlerische Entscheidung oder es handelt sich um besondere Formen von Dokumentarfilmen, wie *24 Stunden Berlin*.

Ton und Sound

Ton und Musik unterstützen die Stimmung eines Films und machen aus den bewegten Bildern erst das emotionale Erlebnis, das wir kennen. Unterschieden wird dabei in den *Originalton,* das ist der Ton, der tatsächlich bei den Filmaufnahmen aufgenommen wird (z. B. die Sprache in Dialogen), und *Geräusche (Sound),* die später ergänzt werden (z. B. das Zuschlagen einer Tür oder die Schritte auf dem Parkett). Schließlich ergänzt und erzeugt *Musik* die Stimmung. Musik kann Spannung symbolisieren, Trauer, Freude oder auch Komik ausdrücken. Gute Filmmusik unterstützt die Bilder. Oft wird auch die Musik aus einem Film ein Erfolg, der für sich selbst steht. Man unterscheidet hier auch zwischen Filmmusik, die speziell für den Film geschrieben wurde, und schon existierender Musik, die für den Film verwendet wird. Analysieren lässt sich inwieweit der Ton Teil der Filmwelt ist oder zusätzlich eingesetzt wird. Als Teil der Filmwelt gelten Dialoge, Musik, die die Protagonisten im Radio hören, oder zum Beispiel der Donner, der ein herannahendes Gewitter symbolisiert. Nicht Teil der Filmwelt ist die Stimme eines Erzählers oder die Filmmusik, die einzelne Szenen untermalt. Auch hier gilt: Ohne Ton ist ein Film nicht das emotionale Erlebnis, wie wir es kennen.

Die Musik kann uns auch andeuten, dass gleich etwas Schreckliches passiert oder alles gut wird. Legendär sind die zwei Töne (daa-dumm) im Film *Der Weiße Hai*, die uns verdeutlichen, dass Gefahr droht. Diese beiden Töne sind so einprägsam und inzwischen so oft auch in anderen Medien zitiert worden, dass auch Personen, die den Film nicht gesehen haben, bei den Tönen sofort an den *Weißen Hai* denken.

Spezialeffekte

Filme heute sind ohne *Spezialeffekte (Special Effects)* kaum denkbar: Die blauen Avatare, die Schlachtszenen bei *Der Herr der Ringe* oder die sich verwandelnden *X-Men*-Superhelden – sie alle würde es ohne am Computer erstellte Spezialeffekte nicht geben. Schon seit den Anfängen der Stummfilmzeit wird mit Illusionen gearbeitet. So ließ George Méliès 1902 Menschen im Film auf den Mond reisen. Die frühen Tricks entstanden meistens schon bei der Projektion durch Effekte wie kleine Modelle oder durch Doppelbelichtungen. Heute entsteht das meiste in hochprofessionalisierten Special-Effects-Firmen digital am Computer. Auch hier gilt die Frage, inwieweit die Effekte die Filmgeschichte und das emotionale Erleben unterstützten.

Narration, Drehbuch und Genre

Alle oben beschriebenen Elemente, die bei einer Filmanalyse untersucht werden, stehen immer im Zusammenhang mit der *Narration* (also der Geschichte und Erzählung) sowie dem *Genre*. Das heißt, jedes Element unterstützt das emotionale Erleben. Sehen wir beispielsweise eine romantische Komödie, dann wissen wir aus unseren Seherfahrungen, dass es am Ende ein Happy End gibt. Damit wir trotzdem diesem Film mit Vergnügen folgen, müssen die Hauptpersonen Hindernisse überwinden, bevor sie am Ende doch noch zueinanderfinden. Kurz vor dem glücklichen Ende kommt es meistens zu einer großen Krise, die fast zum Scheitern führt und uns durch die emotionale Tiefe dann die emotionale Höhe noch glücklicher erleben lässt. Damit wir aber mit den Filmfiguren mitfiebern, mitleben und uns wünschen, dass sie endlich das große Glück finden, müssen wir die Figuren mögen. Meistens mögen Zuschauer Figuren lieber, die ein paar kleine Charakterfehler haben, aber gleichzeitig liebenswert bleiben. Eine Figur hat beispielsweise einen Ordnungsfimmel, ist aber immer hilfsbereit und opfert sich für Freunde auf. Figuren, die zu glatt und ohne Ecken und Kanten sind, finden wir als Zuschauer in der Regel langweilig. Bei einer romantischen Komödie geht es also weniger um die Frage, *ob* die beiden Protagonisten zusammenkommen, sondern um das Wie. Hier unterstützen Schnitt, Montage, Musik und Ton dieses emotionale Erleben.

Ganz anders bei Actionfilmen. Hier muss in der Regel ein Bösewicht, ob Monster, Person, Gruppe oder gar eine Naturgewalt, bekämpft werden und die Menschheit, die Stadt oder die Familie gerettet werden. Hier stehen in der Regel die Figuren viel weniger im Mittelpunkt als der Verlauf der Handlung mit Spannungsbögen, Action und Spezialeffekten. Über die Bösewichte wissen wir meistens wenig, über die Helden gerade genug, um ihnen emotional zu folgen. Je nach Genre gelten andere Konventionen, wie mit Figuren und der Filmsprache umgegangen wird.

Analysebeispiel: Blockbuster-Theorie

Die Filmwissenschaft stellt sich beispielsweise die Frage: Was macht aus Filmen einen Blockbuster, also einen kommerziell erfolgreichen Film? Wie unterscheidet sich dieser von anderen Filmen? Kann man so einen Erfolg planen und steuern? Und wenn das möglich ist, warum gibt es dann so viele Flops, also Filme, die nicht erfolgreich sind?

Zahlreiche Erklärungsansätze versuchen Kinokassenhits und DVD-Verkaufserfolge aus ökonomischer Perspektive zu erklären und sogar zu prognostizieren. Aus filmwissenschaftlicher Sicht versuchen die theoretischen Konzepte zu *Event-Movies*, *Blockbustern* und *High Concept*-Filmen zu zeigen, warum bestimmte Filme zu Erfolgen werden und warum andere an der Kinokasse floppen. Einige analysieren tiefenpsychologisch die Erzählstrukturen, andere gehen betriebswirtschaftlich orientiert vor und wollen Ergebnisse prognostizieren, indem sie die Fakten wie Stars, Regisseur und Produktionsbudget vergleichen. Wieder andere versuchen mit Forschung und Test-Screenings in den verschiedenen Stadien der Filmproduktion die Risiken zu vermindern.

Allen Konzepten ist gemein, dass sie nicht oder nur schlecht zu Vorhersagen taugen, sondern vor allem im Nachhinein als Erklärung eines kommerziellen Erfolges dienen. Eines bleibt: Filmemachen ist ein riskantes und schwer kalkulierbares Geschäft. Häufig wird solch ein kommerzieller Erfolg der fast ehrfürchtig als »übermächtig« bezeichneten Hollywood-Marketing-Maschinerie zugeschrieben. Doch auch hier zeigt sich, dass selbst mit viel Marketingaufwand aus einem schlechten Film kein Kassenhit wird.

Dennoch verbinden die Blockbuster-Filme einige Aspekte, die hier am Beispiel der *Herr der Ringe*-Trilogie kurz erläutert werden.

Warum heißt der Film, der ökonomisch sehr erfolgreich ist, »Blockbuster«? Einige Experten gehen davon aus, dass der Begriff aus dem Zweiten Weltkrieg stammt. Blockbuster-Bomben waren Bomben, die so eine große Durchschlagskraft hatten, dass sie einen ganzen Häuserblock zerstören konnten. Die Analogie besteht darin, dass ein Blockbuster-Film eine ähnliche – emotionale – Kraft hat. Eine andere Erklärung ist einfacher: Sie bezieht sich auf eine lange Schlange mit wartenden Personen, die an der Kinokasse anstehen. Möglichweise ist die Schlange so lang, dass sie um den ganzen Block stehen. In Zeiten vor der Kartenreservierung war dies bei erfolgreichen Filmen häufig der Fall.

Seit den 1950er Jahren verwendet die Filmindustrie den Begriff »Blockbuster« zur Beschreibung eines kommerziell besonders erfolgreichen Films. Erst in den 1970 und 1980er Jahren unternahmen die Studios Versuche, durch strategische Planung diese Erfolge herbeizuführen. Kombiniert wurden dabei ansprechende Geschichten mit den entsprechenden Genres und einem hohen Marketingaufwand.

Die sogenannten Blockbuster-Formel, um mit einem Film mehr als 100 Millionen Dollar einzuspielen, besteht in der Mischung aus bekannten Schauspielern, meistens im Action-Genre, aus Abenteuerelementen und der Möglichkeit, eine Serie daraus zu machen. Das Blockbuster-Genre ist oft eine Mischung aus vielen Genres, was die Wahrscheinlichkeit erhöht beim Publikum Erfolg zu haben. So besteht die *Herr der Ringe*-Trilogie aus Fantasyfilm- und Martial-Arts-Elementen, ist aber auch ein episches Drama.

In diesem Sinne sind Blockbuster fast dazu verurteilt, kommerziell erfolgreich zu sein, da sowohl in die Produktion als auch in die Vermarktung große Summen fließen. Um die Risiken für ein Filmstudio abzusichern, wird die gesamte Verwertungskette eines Films beworben und versucht, an jedem

Punkt möglichst viel zu verdienen. Die Verwertungskette beschreibt den Weg eines Films vom Kino, über DVD, Pay-TV
bis zum frei empfangbaren Fernsehen (vgl. Kapitel 2 zur Filmindustrie). Dies wird kombiniert mit Spielen zum Film, und
der gesamten Merchandising-Welt (Postern, Kalendern, Bett-
wäsche usw.).

Ein anderer wichtiger Aspekt für den kommerziellen Erfolg ist die Möglichkeit der Serie. Ein Blick ins Kinoprogramm zeigt uns, dass es kaum noch Filme gibt, die nicht
eine Fortsetzung in irgendeiner Form sind. Fortsetzungen
oder Adaptionen werden in der Fachsprache *Franchise* genannt. Verfilmungen von Büchern, Comics und Computerspielen haben nicht nur den Vorteil, dass bereits eine existie-
rende Fanbasis besteht, also Rezipienten, die das Buch schon
gelesen oder das Spiel gespielt haben, sondern dass viele dieser Geschichten inzwischen Einzug in unsere populäre Kul-
tur gehalten haben. Dieses gemeinsame Wissen unserer Gesellschaft macht es leichter, Adaptionen zu vermarkten. In der
Filmwissenschaft vermutet man, dass diesen Filmen die Aufmerksamkeit des Publikums gleichsam innewohnt. Beispiele
sind Filme wie *Titanic* (1997), die Adaption eines historischen
Ereignisses; *Der Herr der Ringe* (2001), eine Buchverfilmung;
Spiderman (2002), die Comic-Adaption; *Die Simpsons* (2007),
die Verfilmung einer Fernsehserie; oder *Piraten der Karibik*
(2003), eine Fahrt im Vergnügungspark Disneyland. Sieht
man auf die aktuellen Startlisten von Hollywoodfilmen in
Deutschland, so ist die Mehrzahl der Filme eine Form von
Adaption, nur selten sehen wir Filme, die aus neuen Ideen
entstanden sind.

Aber auch die Berücksichtigung der Blockbuster-Formel
führt nicht zu einem garantierten Erfolg an der Kinokasse. Ökonomische Flops bereichern die Kinogeschichte, dazu
zählen *Das Cabinet des Dr. Caligari* (1919) oder *Cleopatra*
(mit Elizabeth Taylor 1963), *Godzilla* (1998) und *Catwoman*
(2004). Ebenfalls als Flop gilt Jackie Chans Adaption des Klas-

sikers von Jules Vernes *In 80 Tagen um die Welt* (2004). Diese Liste könnte endlos weitergeführt werden. Filmgeschäft ist ein Hochrisikogeschäft – Millionenausgaben fürs Marketing genügen nicht, daneben muss der Film auch gut sein und zur richtigen Zeit kommen.

Fazit

Filmtheorie und Filmanalyse beschäftigen sich mit dem Wesen des Films aus unterschiedlichen Perspektiven. Es hat sich ein eigenes Vokabular entwickelt, das man entsprechenden Lehrbüchern entnehmen kann. Stets geht es um die Story (Geschichte) und wie diese durch das Setting und die Szenografie gezeigt wird. Es geht um Kostüme und Maske, die die Schauspieler tragen, und um die Zusammenstellung der Bilder. Kombiniert mit Spezialeffekten und Ton wird daraus ein Spielfilm. Wenn alles gut gemacht wurde, kann der Film bei uns die verschiedensten Emotionen wie Spannung, Trauer und Freude auslösen.

6. Kinopublikum und Filmrezeption

Der Überblick über das Kinopublikum zeigt die unterschiedlichen Kinobe-
suchergruppen auf, geht auf die Motive für den Kinobesuch und die Art
der Informationssuche ein. Es gibt verschiedene Publika im Kino, die vom
demografischen Wandel betroffen sind. Nur die frühe Medienwirkungsfor-
schung beschäftigte sich mit Filmwirkungen, heute geht man eher dem
Stellenwert von Kino im Leben nach.

W er geht ins Kino? Warum geht man in Zeiten, in denen
Film auf den verschiedensten Bildschirmen, wie Fernseher, Computer, Tablet oder Smartphone, an jedem Ort und
zu jeder Zeit gesehen werden kann, überhaupt noch ins Kino?
Viele dieser Fragen lassen sich gut beantworten, da das deutsche Kinopublikum gut erforscht ist. Wir wissen, wer wann
ins Kino geht, aus welchen Gründen und mit wem – dies do-
kumentieren die jährlichen Analysen der Filmförderungsanstalt (FFA).

Einige Erkenntnisse soll das folgende Kapitel vermitteln.
Wichtig ist dabei: Es gibt viele Kino-»Publika« bzw. viele
Gruppen von Menschen, die in unterschiedliche Filme gehen. Wir wissen, dass über 50-Jährige einen anderen Filmgeschmack haben als unter 25-Jährige, und wir wissen auch,

dass die Motive der älteren Generation, ins Kino zu gehen, sich von denen der jüngeren Generation unterscheiden.

Wer geht ins Kino?

Das Kinopublikum macht seit den 1990er Jahren einen grundlegenden Wandel durch: Galt es bis dahin als überwiegend jugendlich und überwiegend männlich, in der Ausbildung befindlich und ledig, so alterte es seit den 1990er Jahren kontinuierlich. Lag der Anteil der unter 30-Jährigen am Kinopublikum im Jahr 1993 bei 70 % (das heißt, fast vier von fünf Besuchern waren unter 30 Jahre), so schrumpfte diese Altersgruppe bis 2012 auf weniger als die Hälfte. Sie macht seit 2012 nur noch 42 % des Publikums aus. Vor allem die 20- bis 29-Jährigen gehen immer seltener ins Kino.

Im Gegenzug steigt der Anteil der über 50-Jährigen kontinuierlich an. Vor allem die Altersgruppe der über 60-Jährigen hat sich in den letzten Jahren mehr als vervierfacht (vgl. Abbildung 3).

Begründen lassen sich diese Beobachtungen teilweise durch den demografischen Wandel und die Verschiebung in der sogenannten Alterspyramide. So wird die Gruppe der unter 30-Jährigen in der Bevölkerung immer kleiner, während der Anteil der über 50-Jährigen wächst. Diese über 50-Jährigen sind aber auch gleichzeitig eine aktive Generation. Marketingexperten nennen sie gerne »Best-Ager«, »Silverliner« oder finden andere freundliche Namen für Menschen über 50 Jahre. Diese Bezeichnungen verdeutlichen das Aktive und Unternehmungslustige sowie die Kaufkraft dieser Generation. Diese neue ältere Generation unterscheidet sich von ihren Vorgängergenerationen insoweit, als sie ins Kino geht, und das in einem Alter, in dem dies vor 20 Jahren nur wenige taten.

Die derzeit jährlich etwa 120 bis 130 Millionen Kinobesu-

Abb. 3 Altersentwicklung des Kinopublikums von 1993 bis 2012
(FFA 2005: 18; 2013: 16)

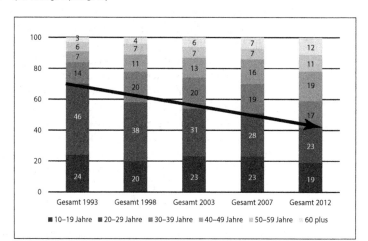

che verteilen sich auf etwa 30 Millionen Personen. Dies bedeutet, dass im Jahr 2013 fast die Hälfte der Bevölkerung mindestens einmal im Jahr ins Kino gegangen ist. Betrachtet man die einzelnen Altersgruppen, so gehen aus der Gruppe der Teenager und Twens zwei von drei ins Kino, bei den jungen Frauen zwischen 10 und 19 Jahren ist der Anteil der Kinobesucherinnen am höchsten, hier gehen 84 % der Gruppe ins Kino. Zwar werden die Kinobesucher insgesamt etwas älter, dennoch gehen die jungen Menschen bezogen auf ihren Anteil an der Bevölkerung immer noch überproportional häufig ins Kino.

Obwohl Großstädte wie Berlin oder München die größte Kinodichte haben, erfolgen zwei Drittel der Kinobesuche in kleineren Städten mit unter 100 000 Einwohnern. Lediglich 15 % der Kinobesuche werden in Großstädten gezählt. Da kleinere Städte in der Regel nur mehr am Mainstream orientierte Kinos haben, werden hier die meisten Eintrittskarten für Blockbuster-Filme gelöst.

Die größte Berufsgruppe unter den Kinobesuchern ist die der Angestellten. Studierende und Schüler bilden ebenfalls eine große Gruppe der Kinobesucher. Die meisten leben in Mehrpersonenhaushalten und haben ein überdurchschnittliches Haushaltseinkommen. Kinobesucher sind im Vergleich mit der Gesamtbevölkerung überdurchschnittlich gut gebildet. Kinobesucher, die mindestens viermal im Jahr ins Kino gehen, machen zwar nur 25 % des Kinopublikums aus, sind aber für über die Hälfte des Umsatzes verantwortlich. Dies bedeutet, dass die meisten Kinokarten von »intensiven« Kinobesuchern gekauft werden.

Wir können also festhalten: Das Kinopublikum ist deutlich jünger als die durchschnittliche Bevölkerung. Gleichzeitig müssen wir innerhalb des Kinopublikums eine Alterung feststellen.

Welche Kinofilme sind beliebt?

Das Kinopublikum unterscheidet sich vor allem danach, wer welche Filme gern sieht. So bestehen deutliche Unterschiede zwischen Männern und Frauen und zwischen den Filmvorlieben jüngerer und älterer Kinobesucher. Romantische Liebeskomödien haben ein überwiegend weibliches Publikum. Beispielhaft wären Filme wie *Der Teufel trägt Prada* (2006) mit Meryl Streep oder *Mitten ins Herz – Ein Song für Dich* (2007) mit Hugh Grant. Die Teenie-Mädchen-*Twilight*-Trilogie *Breaking Dawn* (2008–2012: *Biss zum Morgengrauen, Bis(s) zum Ende der Nacht – Teil 1 u. 2*) hatte fast ausschließlich Frauen im Publikum.

»Männerfilme« sind actionorientiert wie die *Stirb langsam*- (seit 1988), *Resident Evil*- (seit 2002) oder *Star Wars*-Fil-

me (seit 1977). Auch in der Alterszusammensetzung unterscheiden sich die Filmbesucher deutlich. Kinobesucher ab 50 Jahre schätzen anspruchsvolle Dramen und Filme über Zeitgeschichte. So setzt sich das Publikum des mit dem Oskar prämierten Films *Das Leben der Anderen* (2006) zu einem Drittel aus über 60-Jährigen zusammen; fast die Hälfte der Besucher war über 50 Jahre alt. Der Publikum des Films *Das Bourne Ultimatum* (2007) wiederum setzte sich überproportional aus 20- bis 29-Jährigen zusammen. Diese Beispiele zeigen, wie unterschiedlich das Publikum einzelner Filme ist.

Die Top-Ten-Filme der Kassenhits werden aber von allen Geschlechtern und allen Altersgruppen gesehen. Die breite Ansprache macht offensichtlich den Erfolg aus. So gehörten alle Altersgruppen und Geschlechter zum Publikum von *Fluch der Karibik – Am Ende der Welt* (2007), *Harry Potter und der Orden des Phönix* (2007) und dem James-Bond-Film *Skyfall* (2012).

Warum gehen Menschen ins Kino?

Viele Kinostudien untersuchen die Beweggründe, warum Menschen überhaupt ins Kino gehen. Die meisten empirischen Untersuchungen ermitteln zunächst erstmal die triviale Erkenntnis, dass man ins Kino geht, um einen Film anzusehen. Neben diesem offensichtlichen Anlass spielt die soziale Komponente die wichtigste Rolle. So geht der Großteil der Besucher ins Kino, um mit Freunden auszugehen und etwas zu unternehmen. Nur für einen kleinen Teil steht allein der jeweilige Film im Vordergrund; sie würden auch alleine ins Kino gehen, nur um einen besonderen Film zu sehen.

Das zentrale Motiv – der Kinobesuch als gesellige Freizeitaktivität mit Freunden – hat sich in den letzten 50 Jahren nicht verändert. Den hohen Stellenwert des Kinobesuchs als gemeinsame Unternehmung bestätigen auch folgende Befunde:

Die meisten Kinobesuche finden in Begleitung statt, bei den Jugendlichen sind es sogar fast alle Besuche. Je älter die Kinobesucher werden, desto eher gehen sie auch allein ins Kino.

Häufig wird der große Anteil von Jugendlichen am Kinopublikum mit deren Suche nach eigener Identität, eigenen Lebensentwürfen und der Sinnstiftung erklärt. Dazu passt, dass in den Erinnerungen der Befragten das Kino ein Raum ist, den man mit Freunden besucht, um gemeinsamen Gesprächsstoff zu haben.

Gegen einen Kinobesuch sprechen je nach Untersuchung verschiedene Gründe. Genannt werden Geld- oder Zeitmangel, mangelnder Komfort oder ein Prestigeproblem. Man geht vor allem in der Lebensphase ins Kino, in der (neue) soziale Kontakte und Geselligkeit wichtig sind. Dies ist bei Jugendlichen und jungen Erwachsenen der Fall. Werden berufliche Belastungen größer oder wird eine Familie gegründet, endet zumeist die Phase der Kinobesuche. Auffällig ist, dass beispielsweise bei Frauen über 50 Jahre – wenn die Kinder aus dem Haus sind – die Kinobesuche wieder wichtiger werden.

Es lässt sich festhalten: Die meisten Menschen gehen ins Kino, um mit Freunden, Partnern oder der Familie etwas zu unternehmen. Im Laufe des Lebens verändert sich der Stellenwert des Kinos. Gleichwohl muss sich der Kinobesucher, um den sozialen Aspekt des Kinobesuchs erfahren zu können, für einen Film entscheiden.

Filmauswahl und Informationsquellen

Wenn man sich für einen Kinobesuch entschieden hat, wird die Wahl des Films fällig. Dabei können unterschiedliche Kriterien wichtig sein: filmische Aspekte, wie Geschichte, Regie und Schauspieler, oder aber die Informationsquellen, durch die man erfährt, dass es einen Film geben könnte, der einen interessiert.

Betrachtet man filmische Aspekte, dann zeigt sich, dass die Befragten Thema und Inhalt des Films (Plot, Story etc.) die größte Bedeutung bei der Auswahl zusprechen. Die technischen Informationen über Regie, Schnitt, Kamera usw. spielen für das Publikum nur eine Nebenrolle. Auch Filmpreise fallen kaum ins Gewicht. Die Kinobesucher wollen in einen guten und für sie interessanten Film gehen.

Marktstudien zeigen, dass Mundpropaganda die wichtigste Informationsquelle für gute Filme ist. »Tipps von Freunden und Bekannten« werden immer als wichtigste Kriterien genannt. Bei der Einschätzung von Filmen, die man selbst noch nicht kennt, verlässt man sich offensichtlich am liebsten auf das Urteil von Bekannten. Filmkritiker sind nur selten in der Lage, das Publikum zu beeinflussen. Bei knapp der Hälfte der Befragten kommt die Anregung für einen Kinobesuch »meistens/immer« aus dem Kreise der Bekannten/Freunde oder durch den Partner. Erst danach kommen Berichte und Kritiken in Zeitungen und Zeitschriften, gefolgt von Berichten und Werbung im Fernsehen sowie den Kinotrailern.

Untersucht man jedoch, wie man auf den Film aufmerksam wurde, dann stehen Trailer und Werbung im Fernsehen ganz oben, erst an dritter Stelle folgen hier die Freunde. Das heißt, es gibt einen Unterschied zwischen dem »Aufmerksamwerden« und der letztlichen Entscheidung für einen Film. Die Filmauswahl erfolgt also in einem mehrstufigen Prozess. Zuerst muss der Kinobesucher auf einen Film aufmerksam werden, dann wird entschieden. Der amerikanische Filmwissenschaftler Bruce Austin hat für die Filmauswahl ein Modell formuliert. Er verglich die Entscheidungsfindung mit einem Kameraobjektiv, das mehrere Ringe und einen Zoom hat. Zu Beginn, in der »Weitwinkelposition«, stehen dem Rezipienten viele Filme zur Auswahl. Falls sich Individuen entschließen, ins Kino zu gehen, wird ihr Blickwinkel immer enger, je mehr Informationen sie über einen Film bekommen. Schließlich treffen sie auf Grundlage der wichtigsten Informationen ihre Wahl. Austins Modell macht die Prozesshaftigkeit der Filmauswahl deutlich. Zunächst werden Menschen auf neue Filme aufmerksam, dann informieren sie sich, lesen Kritiken, durchforsten Anzeigen in Tageszeitungen oder surfen im Internet, um im letzten Schritt die Entscheidung für einen Film zu treffen. Häufig wird die endgültige Wahl dann auf Empfehlung von Freunden getroffen.

Die Altersgruppen unterscheiden sich darin, welche Informationsquelle für sie am wichtigsten ist. Kinobesucher über 50 Jahre messen den Kritiken einen höheren Stellenwert bei, die jüngeren Kinobesucher reagieren offensichtlich mehr auf Fernsehwerbung und Trailer im Kino.

Filmverleiher vermuten einen großen Einfluss der Mundpropaganda bei der Verbreitung von Informationen über einen Film und sehen sich durch die Forschungspraxis bestätigt. So gehört zu den Standardtools der US-amerikanischen Major-Verleiher das »Awareness-Tracking«: Kinobesucher werden wöchentlich am Telefon befragt, von welchen Filmen sie schon gehört haben und welche Filme sie in nächster Zukunft im Kino sehen möchten. Dieses »Awareness-Tracking« hilft letztlich, den Erfolg der Werbekampagne zu überprüfen und zu steuern.

So kann man von einem komplexen Zusammenhang zwischen Werbemaßnahmen, Öffentlichkeitsarbeit und Entstehung einer »öffentlichen« Meinung, der Mundpropaganda, über einen neuen Film sprechen.

Das Filmkunst-Publikum

Unabhängig davon, wie die Debatte um Film als Kulturgut bewertet wird, gibt es in Deutschland eine Kinoform, die sich unbestritten der Filmkunst widmet. Die Programmkinos oder Arthauskinos (diese Begriffe werden hier synonym verwendet) haben in ihrem Programm anspruchsvolle Filme wie kleinere Independentproduktionen, Filme aus dem europäischen Ausland und häufig kleinere deutsche Produktionen. Die Programmkinos machen mit etwa 100 Millionen Euro ungefähr 10 % des Gesamtumsatzes des Kinomarktes aus.

Wer sind jedoch die Besucher von Programmkinos bzw. Filmkunstkinos? Unterscheiden sich diese von den Kinobesuchern, die US-amerikanische Blockbuster bevorzugen? Auch hierzu gibt es seit Jahren Analysen der Filmförderungsanstalt, die in der Fachöffentlichkeit kontrovers diskutiert werden. Strittig ist dabei, wen man zu dieser Besuchergruppe zählen kann und wen nicht. Die Filmförderungsanstalt definiert als »Programmkinobesuchers« diejenigen, die einen zuvor einen als Programmkinofilm definierten Film sahen. Diese Zuordnung birgt Schwierigkeiten. Aufgrund von geringen Fallzahlen im Programmkinobereich dominieren so Arthaus-orientierte Kassenschlager (wie *Ziemlich beste Freunde* im Jahr 2012) die Daten und können zu Verzerrungen führen. Auch die Selbstdefinition des Publikums scheint nicht zu funktionieren. So glaubten doppelt so viele Kinobesucher, in einem Filmkunstkino gewesen zu sein, als es tatsächlich der Fall war. Regelmäßig geben jeweils ein Drittel der Besucher an, eher Arthaus-Filme zu besuchen, das andere Drittel sieht eher Mainstream-Filme und das letzte Drittel Mainstream und Arthaus-Filme gleich häufig. Dies entspricht aber nicht dem Anteil von Filmkunstfilmen an Umsatz und verkauften Kinokarten.

Um Unterschiede zwischen einem Mainstream-orientierten und einem Arthaus-orientierten Kinopublikum zu ermitteln, haben wir in einer eigenen Studie etwa 1000 Programmkinobesucher und Multiplex-Besucher befragt. Der auffälligste Unterschied zwischen Arthaus- und MultiplexBesuchern ist die Altersverteilung. Die Arthaus-Kinobesucher sind im Schnitt 42 Jahre alt und die Multiplex-Besucher mit 28 Jahren 14 Jahre jünger. Auch in den Motiven für den Kinobesuch, den Gründen für die Filmauswahl, den bevor zugten Genres und den Informationsquellen unterscheiden sich Arthaus- und Mainstream-Besucher erheblich.

Programmkinobesucher gehen deutlich häufiger ins Kino. Fast die Hälfte davon kann als intensive Kinobesucher bezeichnet werden, die sich mehrmals im Monat Filme ansehen. Bei den Mainstream-Besuchern ist die Gruppe derjenigen, die lediglich alle zwei Monate ins Kino gehen, am größten. Die Arthaus-Besucher sind häufiger Angestellte und deutlich besser gebildet. So haben 70 % der Arthaus-Besucher ein Studium abgeschlossen – gegenüber 30 % der Mainstream-Besucher. Zählt man die Studierenden hinzu, so gehören bei den Mainstream-Besuchern 53 % zur obersten Bildungsschicht, bei den Arthaus-Besuchern 84 %.

Mainstream-Besucher gehen häufiger aus sozialen Motiven ins Kino, weil sie mit Freunden oder der Familie etwas unternehmen wollen. Für die Arthaus-Besucher ist der spezifische Film, den sie sehen wollen, genauso wichtig wie die Unternehmung mit Freunden. Thema und Story sind für beide Besuchergruppen gleich wichtig; Arthaus-Besucher legen aber mehr Wert auf den Regisseur und das Herkunftsland. Die Schauspieler sind für die Multiplex-Besucher wichtiger.

Multiplex-Besucher und Arthaus-Besucher haben einen anderen Filmgeschmack. So mögen die Multiplex-Besucher lustige Liebesfilme, Filme mit vielen Kampfszenen, Spezialeffekten, Filme, die in der Zukunft spielen oder Endzeitszenarien behandeln. Sie lieben es, wenn es auf der Leinwand witzig oder gruselig zugeht. Die Arthaus-Besucher mögen tragische Liebesfilme sowie Filme mit politischen oder ernsten Themen. Dabei werden beide Teilpublika durch unterschiedliche Quellen auf die Filme aufmerksam. Die Arthaus-Besucher erfahren deutlich häufiger durch Berichte und Kritiken in Tageszeitungen, Zeitschriften oder im Radio von den Filmen. Der Multiplex-Besucher wird hauptsächlich visuell angesprochen. Entweder sieht er einen Trailer im Kino oder erste Filmbilder in der Fernsehwerbung.

Filmwirkungen

So alt wie das Medium Film, so alt ist auch die Debatte um ju-
gendverderbende und Gewalt verherrlichende Filme, die einen vermeintlich negativen Einfluss auf unsere Jugend haben
sollen. Zwar wissen wir aus der Forschung, dass es lineare
und direkte Medienwirkungen nicht gibt, dennoch kommt
immer wieder die Frage auf, ob Horrorfilme oder besonders
gewalthaltige Actionfilme nicht doch das Aggressionspoten-
zial erhöhen. Forschung über den Einfluss von Kino auf Kinder und Jugendliche wurde vor allem bis in die 1950er Jahre betrieben. Dann wurde das Kino als Übel der Gesellschaft
vom Fernsehen abgelöst, was zur Folge hat, dass es keine aktuellen Befunde zu der Frage der Wirkung von Filmen gibt.
Heute beschäftigen sich die Kulturkritiker und Kulturpessi-
misten – ausgehend von den gleichen Prämissen – eher mit
Computerspielen. Fürchtete man also zu Beginn des vergan-
genen Jahrhunderts, dass Kino eine »Schule des Verbrechens«
sein könnte, so schreibt man diese Eigenschaft heute eher anderen Medien zu.

Die zahlreichen Studien aus den Anfängen der Kinogeschichte, beschäftigten sich hauptsächlich mit negativen Filmwirkungen (vor allem auf Kinder und Jugendliche). In einer
Bibliografie zum Kinopublikum stellte der Publikumsforscher
Bruce Austin vom Rochester Institut of Technology 1233 Titel
zusammen, wobei nur Aufsätze berücksichtigt wurden. Die-
ter Wiedemann und Jörg Stiehler zählten im Jahre 1984 über
80 empirische Studien, die sich mit Filmkommunikation allein in der DDR befassten. Im Vordergrund standen auch hier
meist die möglichen Filmwirkungen. Viele der älteren amerikanischen Untersuchungen gehören auch heute noch zu
den »Meilensteinen« der kommunikationswissenschaftlichen
Wirkungsforschung.

Beispielhaft sind die Payne Fund Studies oder die Untersuchungen von Carl Hoveland, die in den USA den Zusam-

menhang zwischen Filminhalten, Propaganda, Filmwirkungen und dem Publikum erforschten. Die Payne Fund Studies (1929–1932) spürten dem Einfluss von Kino auf Kinder und Jugendliche nach. Ausgangspunkt war die Tatsache, dass Kinder und Jugendliche damals ungefähr einmal in der Woche ins Kino gingen. Untersucht wurden die Themen und Inhalte der Filme, die Informationsaufnahme des Publikums, Verhaltens- und Emotionsänderungen, das Schlafverhalten der Kinder und die Gefährdung der Moral. Die Forscher fragen auch nach dem Spielverhalten, ob z. B. Stars imitiert oder Geschichten nachgespielt wurden. Vordergründig bestätigten die Ergebnisse die Ängste der Forscher: So konnten sie einen Einfluss auf die Einstellungen zu bestimmten Themen, auf das Schlafverhalten, die Spielweise und die Schulnoten ermitteln. Häufige Kinobesucher schliefen schlechter und zeigten schlechtere Leistungen in der Schule als seltene Kinobesucher. Außerdem fanden sich Filmthemen im Spielverhalten wieder, wie das Cowboy-und-Indianer-Spiel. Ob die beobachteten Verhaltensweisen jedoch tatsächlich auf die Kinofilme und ihre Inhalte oder doch eher auf soziale Bedingungen zurückzuführen sind, lässt sich leider nicht feststellen. So hatten die Payne-Fund-Forscher keine Kontrollgruppe befragt, das heißt sie konnten ihre Daten nicht mit denen von »Nicht-Kinobesuchern« vergleichen. Außerdem hatten sie nicht nach sozialer Herkunft, Einkommen und Bildung der Eltern gefragt. Kritiker gaben zu bedenken, dass möglicherweise vor allem Kinder aus den armen Unterschichten häufig ins Kino gingen. Die schliefen vielleicht schlecht, weil sie ihr Bett mit den Geschwistern teilen mussten, und hatten schlechte Noten, weil es in einer engen Wohnung keine Ruhe und keinen Platz für Hausaufgaben gab. Das enge Zusammenleben könnte auch der Grund für eine häufige Flucht ins Kino sein. Somit ist eine negative Wirkung des Kinobesuchs auf Kinder und Jugendliche durch diese Studie nicht nachzuweisen.

Wenige Jahre später untersuchte eine Forschergruppe um

Carl Hoveland, ob Propagandafilme der US-Armee die Bereitschaft der Soldaten, in den Zweiten Weltkrieg zu ziehen, stärken konnten. Mit eigens für die Armee produzierten Propagandafilmen gingen sie verschiedenen Wirkungen nach. Es stellte sich heraus, dass sich durch Filme zwar Faktenwissen verbessern lässt, tiefer liegende Einstellungen und Verhaltensweisen aber nicht. Auch in den folgenden Jahren konnte keine Studie einen negativen Effekt von Kino und Film auf Kinder und Jugendliche nachweisen; in fast allen Untersuchungen zeigte sich, dass das soziale Milieu, die Bildung und das Einkommen sowie die individuelle psychische Verfasstheit stärker auf das Verhalten wirken. Allenfalls zeitweilige Effekte, wie eine kurzzeitige Erregung, konnten nachgewiesen werden. Ab den 1950er Jahren rückten andere, damals neue Medien wie das Fernsehen ins Zentrum der Forschung.

Auch die Politiker der DDR setzten voraus, dass Kino auf die Gedanken und Einstellungen der Menschen stark einwirke; deshalb mussten Filmideen, Drehbücher und fertige Filme mehrere Kontrollinstanzen vor Drehbeginn und Veröffentlichung durchlaufen. Legendär ist das 11. Plenum des Zentralkomitees der SED im Jahre 1965. Nach Beschluss dieses Plenums kamen über ein Dutzend Filme (darunter so berühmte wie *Spur der Steine*) gar nicht in die Kinos oder verschwanden sehr schnell vom Markt. Einige der Mitte der 1960er Jahre hergestellten DEFA-Kinofilme hatten ihre Premiere erst nach der Wende von 1989. Wissenschaftlich belegt war die Furcht der Herrschenden vor der Wirkung der Filme nicht.

Um Kino und starke Medienwirkungen ranken sich auch allerlei Mythen: So hält sich hartnäckig das Gerücht, dass in den 1950er Jahren einige Kinobetreiber Aufnahmen von Coca-Cola trinkenden Menschen in Filme hineingeschnitten hätten und daraufhin der Coca-Cola-Konsum gestiegen sei. Diese Aufnahmen sollten jeweils als einzelne, nicht wahrnehmbare Bilder – also ein Bild von den 24 Bildern, die eine Sekunde Film ausmachen – eingefügt worden sein. Es gibt keinerlei Beleg für diese Geschichte. Im Gegenteil, immer wieder konnten Forscher zeigen, dass man ein Bild, das man nicht wahrnimmt, auch nicht unbewusst wahrnehmen kann und es folglich keine Wirkung hat.

Jugendschutz im Kino

Auch wenn die Forschung nicht zu eindeutigen Ergebnissen in Bezug auf potenzielle negative Filmwirkungen kommt, so sind sich Eltern, Politiker, Jugendschützer, aber auch die Filmindustrie einig, dass nicht jeder Film für jede Altersgruppe geeignet ist. Filme können zu brutal sein, können Kinder und Jugendliche erschrecken, ihnen nachhaltig Angst machen. Grausame Bilder können schlaflose Nächte mit schlechten Träumen verursachen, sexuelle Darstellungen können verwirren, und manche (Fäkal-)Wörter kennen Kindergartenkinder noch nicht. Grund genug, Altersbeschränkungen für Filme einzuführen. Nach den Zensurerfahrungen im Dritten Reich entschied sich die Filmindustrie in Deutschland für eine freiwillige Selbstkontrolle; also einem System, das nicht staatlich gelenkt ist, sondern von der Filmwirtschaft selbst gestaltet und kontrolliert wird. Vorbild waren die amerikanischen »Production Codes«. In den Prüfgremien wirken neben Vertretern der Filmindustrie auch Abgesandte der Kirchen, einiger Jugendschutzinstitutionen sowie Jugendschutzbehörden mit. Jeder Film, der in Deutschland einem Publikum von unter 18 Jahren gezeigt werden soll, muss zur Begutachtung bei der FSK. Dort wird entschieden, ob der Film für alle Altersgruppen geeignet ist (frei ab 0 Jahren) oder erst für Kinder und Jugendliche ab 6, 12 oder 16 Jahren. Erhält er keine Jugendfreigabe, darf diesen Film nur ein Publikum ab 18 Jahren ansehen. Entscheidende Kriterien für die jeweilige Altersfreigabe sind gewalthaltige Inhalte, sexuelle Bezüge, die Sprache, die Machart sowie der Inhalt (die »Botschaft«) der

Geschichte. Eine Freigabe ab o Jahre bedeutet, dass der Film auch schon für Kleinkinder geeignet ist. Die Prüfkommission achtet auch auf die Schnelligkeit der Schnitte, die Lautstärke und eben den Inhalt des Films. Für Kleinkinder dürfen dabei nicht nur keine Gewalt vorkommen, sondern auch keine indirekten Bedrohungen oder zu starke Beziehungskonflikte. Die Prüferinnen und Prüfer der FSK gehen davon aus, dass je nach Altersstufe unterschiedliche kognitive Fähigkeiten, Medienkompetenzen und Genrewissen vorhanden sind und damit unterschiedliche Filme gesehen werden können.

Die Altersfreigaben dürfen nicht mit einer pädagogischen Empfehlung – im Sinne von »geeignet für diese oder jene Altersgruppe« – verwechselt werden, denn die Alterskennzeichnung ist eher eine Einschätzung, für welche Altersgruppe der Film keine die Entwicklung beeinträchtigenden Wirkungsrisiken darstellen sollte. Sie sind also nur generelle Hinweise; die Eltern müssen selbst die Entwicklung der eigenen Kinder berücksichtigen. Da gerade zwischen den Altersstufen von 6 und 12 Jahren große Unterschiede bestehen, gibt es die Freigabe »ab 12 PG«. Filme mit diesem Kennzeichen sind eigentlich erst ab 12 Jahren freigegeben, es werden aber auch Kinder ab 6 Jahren ins Kino gelassen, wenn sie in Begleitung ihrer Eltern (PG = Parental Guidance) kommen. So kann auch der 11-Jährige schon die neueste Folge von *Star Wars* sehen. Es wäre auch schwer zu vermitteln, warum er noch ein Jahr warten müsste.

Die Altersfreigaben gelten nicht nur für Filme im Kino, sondern auch für Videos, DVDs oder Blu-Rays. Entsprechende Regelungen und Prüfungen gibt es übrigens auch für Computerspiele, Internetinhalte und Fernsehsendungen.

In fast allen Ländern gibt es Institutionen wie die FSK, die Filme unter Jugendschutzgesichtspunkten prüfen. Dabei spielen kulturelle Unterschiede eine große Rolle. In den USA werden beispielsweise sexuelle Handlungen und schon verbale Bezüge auf Sex erst einem wesentlich älteren Publikum zuge-

mutet, während explizite Gewalthandlungen als weniger pro-
blematisch für Jugendliche eingestuft werden. Ganz anders in
Deutschland: Sexuelle Bezüge irritieren hier weniger, dafür
sind die Prüfer viel kritischer gegenüber Gewalt.

Bedeutung von Film und Kino für das Publikum

Wir wissen, dass es das eine Kinopublikum nicht gibt. Und wir
wissen, dass die Kinonutzung und das Bedürfnis ins Kino zu
gehen, um sich unterhalten zu lassen und abzuschalten, sich
im Laufe eines Lebens verändern. Es stellt sich jedoch die Frage, welchen Einfluss die Filme, die das Publikum im Kino sehen, auf die Lebensführung haben und welche Rolle Kino
überhaupt im Leben der Menschen spielt.

Mit medienbiografischen Interviews hat die Autorin dieses
Buches das veränderte Kinoverhalten im Laufe des Lebens bei
knapp 100 Befragten untersucht. Die Kinobesuchszeit kann
demnach in drei Phasen eingeteilt werden: in die Kinokindheit, die kinointensive Zeit und das Ende der Kinobesuche.
Die Studie zeigt: In der Kinokindheit werden die Menschen
von Kinoerlebnissen geprägt. Wer schon als Kind fasziniert
vom Medium Kino war, bei dem ist die Wahrscheinlichkeit
sehr hoch, dass er auch in einem höheren Alter noch ins Kino
geht. In der kinointensiven Zeit gingen die meisten Befragten regelmäßig oder häufig ins Kino. Vorherrschendes Motiv
war die Geselligkeit, der Wunsch, etwas mit anderen zu unternehmen. Das Kino ist ein geeigneter Raum, um sich mit
Freunden zu treffen. Ab einem bestimmten Alter bzw. einer
bestimmten Lebensphase reduziert sich die Häufigkeit der
Kinobesuche jedoch deutlich. Von den 100 Befragten haben
61 Personen irgendwann mit den regelmäßigen Kinobesuchen
aufgehört. In den Erinnerungen der Befragten lässt sich hier-
für selten ein spezifisches Ereignis oder ein eindeutiges Alter
bestimmen. Aber, so ließ sich feststellen, im Alter von 35 Jah-

ren war bei den meisten Befragten die kinointensive Phase be-
endet. Gründe waren vor allem die Familiengründung und/
oder der Berufsbeginn bzw. der berufliche Aufstieg. Bei einigen Befragten fiel das Ende der Kinobesuche mit einem per-
sönlichen Lebenseinschnitt wie einen neuen Partner, der Ge-
burt eines Kindes oder einem Umzug zusammen. Andere
befanden sich in einem anstrengender werdenden Abschnitt
ihrer schulischen Weiterqualifikation. Ein Befragter besuchte
die Abendschule, um das Abitur nachzuholen, und konnte somit abends nicht mehr ins Kino gehen.

Die Kinobesuche hören in der Regel auf, weil die Befragten keine Zeit mehr haben und in einer neuen Phase ihren Lebens andere Prioritäten setzen. Geschlechtsspezifische Unterschiede werden in dieser Phase sehr deutlich. Das Ende des
regelmäßigen Kinobesuchs fällt bei den befragten Frauen wesentlich häufiger mit der Familiengründung zusammen als
bei den Männern. Umgekehrt verhält es sich mit der beruf-
lichen Karriere. Bei 13 Männern fiel der Berufseinstieg mit der
Kinoabstinenz zusammen, bei Frauen hingegen lediglich in
fünf Fällen. Häufig gehen Frauen ab 50 Jahren dagegen wieder
vermehrt ins Kino, wenn die Kinder aus dem Haus sind, der
Haushalt aufgestellt und die Karriere gefestigt ist.

Ausnahmen von der Norm gibt es bekanntlich immer, so
auch im Hinblick auf den Kinobesuch. Cineasten, also Personen, für die von früher Kindheit an der Kinobesuch nicht
nur ein geselliger Abend war, sondern ein visuelles Ereignis, von dem sie sich tief beeindrucken ließen, hören nicht
auf, ins Kino zu gehen. Für sie ist es in erster Linie Filmkul-
turgenuss und bedeutet weniger Geselligkeit, und sie können
diese Funktion nicht durch andere Geselligkeitsformen wie
Grillabende ersetzen. Für Cineasten spielen die Filme und
ihre Protagonisten eine wichtige Rolle. Den anderen Kinobesuchern bleiben die einzelnen Filme jedoch eher selten in der
Erinnerung. Dies bedeutet, dass sie nur für einen kleinen Per-
sonenkreis von Bedeutung sind.

7. Fazit und Ausblick: Zukunft des Kinos

Das letzte Kapitel fasst die vorangegangenen zusammen und wagt einen Blick in die Zukunft des Kinos. Die Digitalisierung und die Möglichkeit, Filme überall und jederzeit zu sehen, könnten die Kinoindustrie gefährden. Um dem entgegenzuwirken, braucht man weiterhin gut gemachte, spannende und neue Filme, für die es sich lohnt, ins Kino zu gehen. Die Filmindustrie wird sich also wieder einmal neu erfinden müssen.

Ins Kino gegangen: gelacht, geweint, gezittert, mitgefiebert. Mit diesen an den Filmkritiker und Regisseur François Truffaut angelehnten Worten fängt man die Faszination von Film und Kino hervorragend ein. Seien es Freundinnen, die ins Kino gehen, weil sie etwas unternehmen möchten, oder ein Cineast, weil er das neueste Kunstwerk sehen will: Das Publikum bestimmt die Erlebniskraft.

Ob über Kinofilme gesprochen wird, ob Filme Moden kreieren oder aktuelle Themen in den Fokus rücken, verschiedene Aspekte prägen aktuell die Diskussion um die Zukunft des Kinos: der demografische Wandel, die technische Entwicklung und die inhaltliche und ästhetische Qualität der Filme. Als entscheidend gelten die Auswirkungen des demografischen Wandels, kombiniert mit der Digitalisierung und dem

Streaming. Einige Fachvertreter verknüpfen beide Aspekte miteinander; es besteht die Sorge, dass die Möglichkeit, Filme online zu sehen, und die damit verbundene Gefahr der Piraterie die Probleme des demografischen Wandels beschleunigen. Die Angst geht um, dass das Kinopublikum irgendwann aussterben könnte. Demografischer Wandel bedeutet, dass innerhalb der Bevölkerung der Anteil der unter 30-Jährigen weiter schrumpfen und der Anteil der über 50-Jährigen weiter ansteigen wird. Für das Kinopublikum bedeutet dies, dass es weniger junge Kinobesucher geben wird, dafür umso mehr ältere.

Wie die Ausführungen im Kapitel über das Kinopublikum zeigen, haben die unterschiedlichen Altersgruppen ganz unterschiedliche Filmvorlieben. So gehen die über 50-Jährigen gerne in Arthaus-Kinos mit einem anspruchsvolleren Programm, während die Jüngeren ein action- und komödienreiches Blockbuster-Programm bevorzugen. Das könnte zum einen daran liegen, dass der Filmgeschmack mit zunehmenden Alter offensichtlich anspruchsvoller wird, zum anderen könnte es sein, dass lediglich diejenigen Kinobesucher weiterhin ins Kino gehen, die auch schon in jungen Jahren einen anspruchsvollen Kinofilmgeschmack hatten. Momentan können wir die These noch nicht überprüfen, da die vorliegenden Daten dies nicht zulassen. Der Überblick über den Forschungsstand zum Kinopublikum hat gezeigt, dass es zwar auf der einen Seite eine breite Datenbasis gibt, auf der anderen Seite aber noch konkrete Lücken bestehen. So fehlt noch ein detaillierteres Wissen über die Arthaus-Kinobesucher im Vergleich zu den Mainstream-Kinobesuchern. Wir wissen nicht genau, wie sich der anspruchsvolle Filmgeschmack der älteren Kinobesucher entwickelt hat, und wir können nicht befriedigend erklären, wie Mundpropaganda entsteht bzw. funktioniert. Große Hoffnungen bestehen hier vor allem darin, das Internet als »Mundpropagandamaschine« nutzen zu können. Das am häufigsten zitierte Beispiel ist die Internetkampagne zum Film *Blair Witch Projekt* (1999), die das Rätseln um die Authentizität der Geschichte ins Zentrum stellte. Wiederholt werden konnte so ein Erfolg nicht mehr. Vereinzelt konnte das Internet zwar zur Generierung von Mundpropaganda geschickt genutzt werden, wie für die *Herr der Ringe*-Filme (2001–2003), damals wurden vorab Filmszenen online gezeigt. Vom Publikum wird dem Internet als Informationsquelle jedoch nach wie vor ein geringer Stellenwert zugeschrieben. Hier besteht genug Bedarf an weiteren Studien.

Eins ist jedoch offensichtlich: Die Arthaus-Kinobesucher gehen regelmäßig und häufig ins Kino. Um dieser Gruppe weiterhin ein Kinoangebot machen zu können, muss zum einen das Filmangebot stimmen, und zum anderen muss sie dieses auch wahrnehmen können. In vielen Befragungen zeigt sich, dass ältere Kinobesucher Wert auf Komfort im Kino legen, sie wollen bequeme Sitze, eine gute Projektionsqualität und einen guten Ton. Inzwischen gibt es einige Kinos, die genau diesen Ansprüchen genügen.

Auf der anderen Seite sind die Filmproduzenten gefragt, um der veränderten Publikumsstruktur gerecht zu werden. Die Generation 50 plus bevorzugt anspruchsvolle Dramen, und diese müssen dementsprechend produziert werden. Aber auch das Jugendliche und junge Publikum darf nicht vernachlässigt werden, da hier die zukünftigen Cineasten heranwachsen.

Wie es sich auf den Kinobesuch auswirkt, Filme jederzeit und überall durch Streaming ansehen zu können, ob legal oder illegal, ist noch offen. Im Raum steht die Frage, ob die Möglichkeit, Kinofilme zu Hause online anzusehen, tatsächlich den Kinobesuch ersetzen wird. Wie die obigen Ausführungen zeigen, ist ein wesentliches Motiv für den Kinobesuch der Wunsch auszugehen und gesellig zu sein. Das kann durch Streaming und Ansehen der Film zu Hause nicht ersetzt werden. Auf der anderen Seite wandelt sich das Mediennutzungsverhalten der unter 20-Jährigen kontinuierlich, sie sind fast zu

100 Prozent online, sie nutzen Videoplattformen wie YouTube und sehen Filme auf legalen und illegalen Plattformen, sodass sich Prognosen über die Zukunft nur schwer stellen lassen. Erste Untersuchungen weisen aber eher darauf hin, dass die Online-Nutzung von Filmen zum Kinobesuch hinzukommt und kein Ersatz für den Kinobesuch ist.

Schon mehrmals musste sich das Kino in der Geschichte neu erfinden. So beim Sprung vom Stumm- zum Tonfilm Ende der 1920er Jahre. Damals blieben viele Leinwandhelden und Produzenten auf der Strecke. Ein anderer Einschnitt war die Einführung des Fernsehens. In den 1950er Jahren war die Hochkonjunktur des Kinobesuchs in Deutschland mit über 800 Millionen Kinobesuchen im Jahr. Durch die Einführung des Fernsehens brach der Kinobesuch völlig ein, um sich in den 1970er Jahren bei um die 100 Millionen Besuchen einzupendeln. Durch das neue Medium Fernsehen gelangen vor allem Nachrichten und Neues aus der Welt viel bequemer und vor allem schneller in die Wohnzimmer der Deutschen. Spielfilme zeigte das frühe Fernsehen eher selten, entwickelte dafür neue Formen der audiovisuellen Unterhaltung. Hätte man die damaligen Publikumsverluste linear weitergeschrieben, so wäre das Kino schon in den 1970er Jahren ausgestorben. Dies geschah nicht, da Film und Kino andere Qualitäten entwickelten. Das Kino und die Filmindustrie mussten sich neu definieren. In der Folge wurde der Ausgeh- und Erlebnischarakter durch den Bau von Multiplexen gestärkt. Sieht man sich die Publikumszahlen an, so kann man von einer Erholung und einem Anwachsen der Publikumszahlen ab den 1990er Jahren sprechen.

Diese Steigerung der Kinopublikumszahlen geht einher mit einer Modernisierung der Kinos, aber auch einer neuen Qualität von Filmen. Die Anzahl der Blockbuster und sogenannten Eventfilme, denen eine zusätzliche Erlebnisqualität zugesprochen wird, wuchs an. Dazu zählen Filme wie *Der Weiße Hai* (1975), die *Krieg der Sterne*-Reihe (1977–2008) oder die *Harry Potter*-Filme (2001–2011). Diese Filme sind alle schon als Serien gedacht, werden mit einem hohen Marketingaufwand ins Kino gebracht und versprechen ein großes Sehvergnügen durch Spezialeffekte und beeindruckende Bilder. Die Serialisierung der Kinofilmproduktion schien über viele Jahre erfolgreich zu sein; blickt man in ein aktuelles Kinoprogramm, so finden sich reichlich Beispiele: wie die *Iron Man*-Verfilmungen, die *Tribute von Panem*-Verfilmungen (2012–2015) oder die *Ice Age*-Reihe (seit 2002). Gleichzeitig macht sich die Branche nun auch Sorgen, ob dieses Rezept weiter tragfähig ist. Die ersten Flops von aufwändig produzierten Filmen mit Comic-Helden zeigen, dass es keine Garantie für Erfolg ist.

Die gesellschaftliche Kraft von Film wird nicht allein durch die Anzahl der verkauften Kinokarten bestimmt. Kinofilme können auf die Gesellschaft wirken, indem sie Debatten auslösen. Die Filme *Natural Born Killers* (1994) und *Pulp Fiction* (1994) zogen angeregte Diskussionen zum Thema Gewalt und Gewaltverherrlichung in den Medien nach sich. Filme greifen auch aktuelle gesellschaftliche Probleme auf, wie *Philadelphia* (1993) zum Thema Aids, oder tragen zur Vergangenheitsbewältigung bei, wie etwa *Der Untergang* (2004). Ebenso geht der immer stärker werdende Werbe- und Merchandisingdruck, der beispielsweise durch jeden neuen Disney-Film verursacht wird, nicht spurlos an der Gesellschaft vorüber. So entkommt man in Kaufhäusern, Supermärkten oder Fast-Food-Ketten kaum den Produkten und Motiven aus *König der Löwen, Frozen (Die Eiskönigin)* oder *Harry Potter*. Nur wenige Eltern und Kinder können sich diesem Moden kreierenden Druck entziehen. Oft übernehmen Jugendliche Styling, Sprachduktus oder Gestik aus Filmen, die ihre Altersgruppe ansprechen.

Filmangebot und Filmnachfrage spiegeln das sozialkommunikative und soziokulturelle Klima wider. Durch das Wechselspiel zwischen Filmangebot und Filmnachfrage kann

Kino seine Kraft als Verstärker, Filter oder Katalysator von gesellschaftlichen Trends entwickeln und gleichzeitig auf die Gesellschaft zurückwirken. Diese Interaktion zwischen Filmangebot, Filmnachfrage und Gesellschaft entsteht durch die bewusste/unbewusste Entscheidung des Publikums, in einen bestimmten Kinofilm zu gehen. Da Filme aber aus kommerziellen Gründen inhaltlich (oft) auf ein möglichst großes Publikum zugeschnitten werden, lässt sich daraus folgern, dass man ihre Aussagen als Spiegel, als Reflexion der Wünsche, Erwartungen, oder als »Tagträume« einer Gesellschaft interpretieren kann. Wo diese Filme den Zuspruch eines großen Publikums finden, ist anzunehmen, dass die Produzenten diese Tagtraum-Bedürfnisse gut bedient haben. Längst nicht alle gut gemachten und gut vermarkteten Filme, die in die Kinos kommen, treffen jedoch den »Nerv« der Zeit.

Nicht nur, dass viele Filme nicht alle Kinobesucher ansprechen, zudem urteilt die Filmkritik häufig anders über Kinofilme als die Zuschauer. Die unzähligen Listen mit den angeblich 100 besten Filmen weisen deutlich darauf hin. Schauen wir uns einige der Bestenlisten an, so sehen wir gewaltige Unterschiede zwischen Publikumserfolgen und dem vermeintlich besten Filmen. Nach einer Liste des NDR (2005) zählen folgende Filme zu den fünf besten in Deutschland: *Das Boot* (1981), *Nosferatu – Eine Symhonie des Grauens* (1922), *Der Untergang* (2005), *Schulmädchen-Report – Was Eltern nicht für möglich halten* (1970) und *Die Feuerzangenbowle* (1944). Ganz andere Filme empfiehlt die Bundeszentrale für politische Bildung in ihrem Filmkanon (http://www.bpb.de/filmkanon/), als deutsche Filme nennt sie ebenfalls *Nosferatu – Eine Symphonie des Grauens,* außerdem *M – Eine Stadt sucht einen Mörder* (1931), *Emil und die Detektive* (1931), den Antikriegsfilm *Die Brücke* (1959) und Konrad Wolfs *Ich war 19* (DDR 1968), Filme der Autorenfilmer Wim Wenders (*Alice in den Städten,* 1974) und Rainer Werner Fassbinder (*Die Ehe der Maria Braun,* 1979). Keine einzige aktuelle Komödie taucht hier auf. Ganz anders sieht die Hitliste der erfolgreichsten deutschen Filme in Deutschland aus. Klar führen hier die Komödien wie die von Michael (Bully) Herbig, *Der Schuh des Manitu* (2001, 11 Millionen Besucher; erst auf Platz 9 der NDR-Liste) und *(T)Raumschiff-Surprise – Periode 1* (2004), gefolgt von *Otto – Der Film* (1985) und *Fack Ju Göhte* (2013); auf Platz fünf: der *Schulmädchen-Report.*

Die geschmacklichen Unterschiede von Filmkritik und Kinopublikum machen noch einmal die Zwitterstellung von Film und Kino deutlich: auf der einen Seite ein Kunstwerk, auf der anderen Seite ein massenmediales Unterhaltungsmedium, das den Nerv des Publikums treffen muss. Was das Mainstream-Publikum gerne sieht, entspricht oft nicht dem Geschmack der Cineasten und Filmkritiker und andersherum. Der Überblick über das Kinopublikum zeigt, dass es zum einen ganz verschiedene Publika im Kino gibt. Als zentral erweist sich dabei das Motiv auszugehen und etwas zu unternehmen, und dies bei einem guten und unterhaltenden Film. Genau hierin liegt die Aufgabe für Film und Kino in der Zukunft: Das einmalige gute Kinoerlebnis muss erhalten bleiben; und dies gelingt nur mit kreativen und guten Filmen. Denn nur dann weint und lacht der Kinozuschauer.

Zum Weiterlesen

Bordwell, David (2006): Visual style in cinema: vier Kapitel Filmgeschichte. Frankfurt am Main: Verlag der Autoren.
Das Buch dokumentiert vier Vorlesungen des amerikanischen Filmwissenschaftlers David Bordwell über Filmgeschichte. Das Besondere an diesem Buch sind die vielen Bilder, die die Beispiele anschaulich illustrieren.

Mikos, Lothar (2008): Film- und Fernsehanalyse. 2. überarbeitete Auflage. Stuttgart: UTB, Konstanz: UVK.
Lothar Mikos hat ein Lehrbuch verfasst, das dazu anleiten will, bei der Filmanalyse das Publikum, seine Sehweisen und Sehgewohnheiten einzubeziehen. Diese Richtung nennt sich rezeptionsästhetische Filmanalyse. Mit diesem Ansatz werden oft populäre Filme analysiert, die ein großes Publikum erreicht haben. Leicht und verständlich geschrieben, führt es in das Vokabular der Filmanalyse in.

Mikos, Lothar/Eichner, Susanne/Prommer, Elizabeth/Wedel, Michael (2007): Die *Herr der Ringe*-Trilogie. Attraktion und Faszination eines populärkulturellen Phänomens. Konstanz: UVK.

Beschreibt das Phänomen eines Blockbusters aus den verschiedensten Perspektiven. Empfehlenswert sind die Kapitel zur Blockbuster-Theorie und zum Filmmarketing.

Monaco, James (2013): Film verstehen: Kunst, Technik, Sprache, Geschichte und Theorie des Films und der Neuen Medien. Reinbek bei Hamburg: Rowohlt Taschenbuch-Verlag.
Das Mammutwerk von James Monaco (810 Seiten) geht vor allem auf die technischen und ästhetischen Stilmittel der Filmproduktion ein. Über die Jahre ist das Buch zwar immer umfangreicher geworden, aber die Einführung in die Filmgeschichte ist nach wie vor empfehlenswert.

Prommer, Elizabeth (1999): Kinobesuch im Lebenslauf. Eine historische und medienbiographische Studie. Konstanz: UVK.
Diese Studie illustriert die Kinogeschichte als Publikumsgeschichte. In einer empirischen Untersuchung mit medienbiographischen Interviews geht die Autorin dann der Veränderung des Kinobesuchs im Laufe eines Lebens nach.

Prommer, Elizabeth (2015): Das Kinopublikum im Wandel: Forschungsstand, historischer Rückblick und Ausblick. In: Glogner, Patrick, Föhl, Patrick (Hrsg.): Handbuch Kulturpublikum. Forschungsfragen und Befunde. Wiesbaden: VS Verlag.
Dieser Aufsatz geht ausführlich auf die demografischen Veränderungen des Kinopublikums ein. Ein Abschnitt beschäftigt sich mit den Unterschieden zwischen Arthaus-Kinobesuchern und Mainstream-Kinobesuchern.

Onlinequellen

http://www.ffa.de/downloads/publikationen
Die aktuellen Daten über die deutschen Kinobesucher kann man auf der Webseite der Filmförderanstalt (FFA) nachlesen.

Dokumentiert werden die Untersuchungen seit 1999. Die Studien informieren ausführlich über das Zuschauerverhalten in den Kinos sowie die Strukturen und Perspektiven des Filmgeschäfts. Lesenswert sind die jährlichen Studien über die Programmkinobesucher.

Glossar

Arthausfilm: Ein künstlerisch anspruchsvoller Film, der in der Regel eher in kleineren Programmkinos gezeigt wird. Man spricht auch vom Independent-Film.

Blockbuster: Ein Begriff aus der Filmindustrie für einen Film, der an der Kinokasse sehr erfolgreich ist. Blockbuster erzielen hohe finanzielle Gewinne, haben einen großen Aufwand für das Marketing betrieben und sprechen ein globales Publikum an.

Casting: Die Besetzung der Filmrollen mit Schauspielerinnen und Schauspielern. Dazu gehört auch der Auswahlprozess. Es gibt Casting-Agenturen, die Produktion und Regie dabei unterstützen.

Cinema: Der englische Begriff »cinema« verknüpft Film und Kino. Unter Cinema wird also sowohl der Aufführungsort Kino (»film theatre«) als auch der Film (»movie«) verstanden.

Filmförderungsanstalt (FFA): Eine Anstalt des öffentlichen Rechts, die die Filmförderung des Bundes koordiniert. Sie soll zur Verbesserung der wirtschaftlichen Struktur der Filmindustrie in Deutschland beitragen. Unter anderem veröffentlicht die FFA regelmäßig sehr genaue Daten und Statistiken über das deutsche Kinopublikum.

Filmbudget: Alle Kosten, die notwendig sind, um den Film zu drehen. Also die Kosten für die Preproduktionsplanungen, das Drehbuch, den tatsächlichen Dreh (Produktion) mit allen Schauspielern und die Kosten für die Postproduktion mit Schnitt, Ton und Effekten.

Filmmontage: Das Zusammensetzen eines Films aus den verschiedenen gedrehten Szenen und Sequenzen. Zur Montage gehören der Filmschnitt, die Art der Blenden, die Zeitsprünge, die Parallelität der Orte und vieles mehr.

Filmverleih: Bringt einen Film in die Kinos. Er kauft zunächst die Rechte an einem Film und verleiht diesen dann an die Kinos. Er kümmert sich um die Lieferung des Films an das Kino, aber auch um das Marketing und die PR. Man spricht auch von Filmvertrieb.

Franchise: Eine Strategie, Filme aus bekannten Geschichten zu drehen. Das können Fortsetzungen sein oder auch Vorgeschichten. Vorlagen können Bücher, Comics oder Fernsehserien sein.

Freiwillige Selbstkontrolle der Filmwirtschaft (FSK): Die FSK prüft, ab welchem Alter Kinder und Jugendliche in Deutschland einen Film sehen dürfen. Eine Rolle spielen dabei inhaltliche Aspekte wie Gewalt, Sexualität, Sprache, aber auch die Bildsprache des Films.

Genre: Ein Filmgenre beschreibt die Art des Films. Diese Kategorien werden sowohl in der Produktion als auch der Rezeption verwendet. Beispiele: Komödie, Drama, Western, Thriller oder Horrorfilm.

Independent-Film: Bezeichnung in den USA für Filme, die unabhängig von den Major Studios produziert werden. In der Regel sind dies Filme mit kleinem Budget und hohem künstlerischen Anspruch.

Mainstream-Film: Filme, die in vor allem in Multiplex-Kinos, also Kinos mit vielen Sälen, zu sehen sind. Diese Art von Filmen spricht ein breites Publikum an.

Major-Studio: Begriff für die großen Filmproduktionsgesellschaften vor allem in den USA. Filme, die von Major-Studios produziert werden, sind in der Regel Mainstream-Filme mit einem hohen Budget und entsprechendem Marketingaufwand.

Multiplex-Kino: Ein Kino dieser Kategorie muss mindestens sieben Kinosäle haben. Das Programm besteht zum überwiegenden Teil aus Mainstream-Filmen und Blockbustern.

Piraterie: Illegales kostenloses Anbieten und Ansehen von Kinofilmen, meistens über gleichfalls illegale Internetportale. Die Filmpiraterie gefährdet die Filmwirtschaft, da die Kreativen der Filmindustrie, wie die Drehbuchautoren, Produzenten oder Regisseure, nicht für ihre Arbeit entlohnt werden. Die Betreiber der illegalen Webseiten verdienen jedoch ein Vermögen durch die auf den Seiten geschaltete Werbung.

Produktionsphasen: Die Herstellung eines Films erfolgt in drei Phasen: In der Preproduktionsphase finden alle Planungen statt, vom Drehbuch bis zum Drehplan; die (Haupt-)Produktionsphase besteht aus der tatsächlichen Drehzeit; und in der Postproduktionsphase wird der Film fertiggestellt. Hier schneidet man den Film, fügt Ton, Musik, Computeranimationen und Spezialeffekte hinzu.

Programmkino: Ein Kino, auch Arthaus-Kino genannt, das meistens künstlerisch anspruchsvolle Filme zeigt.

Spitzenorganisation der Filmwirtschaft (SPIO): Vertritt die Interessen der deutschen Film-, Fernseh- und Videowirtschaft. Auch sie liefert wertvolle Marktdaten zum Kinofilm in Deutschland.

Streaming: Die Möglichkeit, Filme online zu sehen. Die Filme werden nicht heruntergeladen und als Kopie auf der Festplatte gespeichert, sondern im Moment des Datenempfangs angesehen. Neben illegalen Filmstreaming-Angeboten gibt es auch legale wie die Mediatheken der Fernsehsender oder die kostenpflichtigen Angebote von Netflix, Amazon-Prime, Maxdome usw.

Printed in the United States
By Bookmasters